失控，
是最好的安排

「舊鞋救命」發起人
十大傑出青年
楊右任 著

CONTENTS

目次

〈作者序〉失敗，才是人生的高潮 007

CH 1 穿著路邊撿來的西裝參加傑出青年授獎 009

拜託！請穿皮鞋去領獎 010

邀請非洲好友一同致詞 013

CH 2 那個班上最吵的小屁孩 015

報告老師，我現在靠嘴吃飯囉！ 016

只有滑板和塗鴉的世界 018

不會念書，不如去澳洲學英語吧！ 020

CH 3 在澳洲的瘋狂冒險和遇見上帝 021

在澳洲「嘻哈」得更徹底 022

半夜上街躲警察的塗鴉客 023

盡情揮灑的瘋狂青春 025

愛偷吃東西的「最佳員工」 026

人不可貌相的最佳代表 028

全身刺青的熱情牧師 029

在教會「鬼混」的日子 030

調皮的孩子成為上帝之子 033

CH 4 月薪22K的日子 035

沒念完的藝術學院 036

成績不及格，不代表人不及格 037

家中破產，回到台灣 039

在動保協會的工作 041

上帝叫我搬家 042

到「木匠之家」當志工 043

CH 5 遇見一個加拿大女孩 047

從小到處跑的女孩 048

「可樂，你要去台灣」 050

香蕉配雞蛋的絕妙組合 051

第一個回答「想去非洲」的人 053

寫信給「未來的老公」 055

她想要跟這種人結婚 059

怎麼知道彼此就是對的另一半？ 061

交往兩個月，決定相伴一生 065

CH 6 沒有鞋子，會失去性命？ 069
生病，只因沒鞋穿 070
家被鞋子淹沒啦！ 071
一封Email就是一個故事 074

CH 7 第一次到非洲 077
和照片不一樣的非洲 078
上帝讓你變有錢？ 079
使命必達的戰友 080
連商業力量都懶得觸及的角落 084
將運送鞋子的貨櫃改建成教室 087
權衡如何善用鞋子這個資源 091

CH 8 全家去肯亞吧！ 095
「舊鞋救命」正式系統運作 096
真正的男人！ 097
買不起衛生棉的女孩 101
協助建水井與養雞農耕計畫 104
不缺優秀的人，只是缺乏資源 104
搶劫、遭小偷，朋友變犯人?! 108

CH 9

媽媽無敵

媽媽無敵 113
我們的人生就是這麼失控！ 114
這裡的半數小孩活不過兩歲 116
沙漠裡的異鄉人 119
敵人變友人 121
曠野流出江河 123
媽媽無敵？ 125

CH 10

從幾個大學女生開始的「怪事」

從幾個大學女生開始的「怪事」 129
「愛女孩」計畫 130
月事，不是「好朋友」 132
輟學、貧窮、染愛滋，只因沒有衛生棉 133
看見展露自信的笑顏 135
因布衛生棉而改變的人生 137
原來聯合國這麼近 139
第一名畢業，不去大公司而是去非洲 141
從微小的事開始 143

CH 11

讓既有的一切成為你的助力

讓既有的一切成為你的助力 145
有誰不認識道森嗎？ 146
誰造成了非洲國家「乞討文化」？ 148
拋去英雄主義，以既有資源走得更長遠 149
別讓人生的某一個階段定義你 151

CH 12

「皮膚色」是什麼顏色？

「皮膚色」是什麼顏色？ 153
孩子們的非洲色童年 154
隨遇而安，就地取材的生活 157
當瘧疾找上門 160
夫妻間的時空膠囊 164

CH 13

我們的失控人生

我們的失控人生 177
一切都很值得 178
到現在電話仍會響起 179
有掌聲，也有巴掌聲 181
過度思考，只會走上平庸的道路 183
走在「失控」的計畫裡 184
不必畏懼眼前的挑戰 185
這樣的你能做什麼？ 186
「失控」是最好的安排 189

〈作者序〉

失敗，才是人生的高潮

「右任，你確定要把你們夫妻私人的信件放進這本書裡嗎？即使裡面提到你們的性生活也沒關係嗎？」朋友好奇的問我。

我開玩笑的說：「當然啊，你就知道我這個人沒隱私，但更重要的是，因為你現在看到的『我』，是每一分努力，每一回跌倒，每一滴不爭氣的眼淚，每一次和太太的親吻，每一次和夥伴的爭吵和歡笑……所有一切和一切累積而來的『我』，沒有這些細節，就沒有你眼前的這個人了！」

面對朋友的問題，不禁讓我思考著，在這個社群媒體爆發的時代，大家總是習慣性的略過某些不起眼的細節，展現出自己最美好的那個畫面：明明皮膚沒有那麼光滑，所以美肌功能就開到最大；明明眼前的風景普通，所以就透過修圖軟體讓大家都羨慕我所處的環境；在這樣光鮮亮麗的網路世界看著別人的生活，我們是否有時會對身邊的光景、對自己的生命產生不切實際的期待？

麥可．喬丹在籃球史上締造許多難以打破的紀錄，被稱為最偉大運動員之一的他曾經說過：「在我的籃球生涯中，我曾經投籃失手超過九千次，輸了幾乎三百場比賽，有二十六次投不進大家期待我能扭轉比賽的決勝球，我的生命一次又一次不斷的重複失敗，而這，就是我成功的原因。」

的確，現實生活中的成就不都是一次又一次的嘗試和挫折堆疊起來的嗎？如果把我們生命中的任何一段故事抽掉，那我們今天是否就無法站在同一個高度來欣賞眼前的風景？

編寫這本書的過程，強迫我回想起過去的每一個小細節，有些曾在我的第一本書中提到，但更多內容則是我新的體悟與分享；幾萬雙鞋塞爆我家的慘況，老婆半夜陪著我的禱告，在非洲被搶被騙的無奈，數算每一次的失敗，每一次的困難，越是搞怪、越是離奇的狀況，在寫書的過程中才認知到，原來這才是人生的高潮，原來這才是最值得回味的一段過去。

或許，在未來的日子裡，當眼前壓力大到我即將撐不過去的那瞬間，我可以輕聲的對自己說：「你正在編寫下一本書最精彩的章節。」

所以，還是老話一句：「不要害怕困難，不要害怕跌倒，要害怕生命到最後沒有故事可以講！」

CHAPTER 1

穿著路邊撿來的西裝參加傑出青年授獎

拜託！請穿皮鞋去領獎

「楊右任先生，恭喜您，獲選為今年『十大傑出青年』之一！頒獎流程包含參訪總統府等重要機關，以下一些注意事項，請您留意……」二〇一七年，我接到了「十大傑出青年」的得獎通知。

雖然已經歷過幾關面試，接到得獎的電話，還是滿開心的。電話中，對方除了說明詳細流程，還說需要會見五院院長和總統，聽到這裡，我的協會同事們都叫我一定要穿得很正式，但沒出席過什麼正式場合的我，一時之間也不知道該從哪裡找來正式的衣服。

那陣子，我在花蓮、台東演講，忙得不可開交，根本沒時間處理這些事，眼看下一週就要去總統府了，我靈機一動，打算穿一雙「半球鞋半皮鞋」的鞋子赴禮。當我還在佩服自己的機智，協會的同事白眼已經翻到天邊：「拜託，楊右任，請你真的要穿雙皮鞋。」

「楊右任，三十歲，『舊鞋救命』發起人，現任『舊鞋救命國際基督關懷協會』理事長，二〇一四年開始在台灣募集鞋子，送到有需要的非洲國家偏鄉，包括肯亞、烏干達、南蘇丹、史瓦帝尼……並且在當地建學校、蓋水井、執行沙蚤醫療計畫，幫助許多孩童重新上學……」頒獎典禮當天，我穿著一身還算體面的打扮，出現在會場，而螢幕上播著得獎者的介紹影片，隨著字正腔圓旁白出現的，是我在肯亞的身影，正忙著幫一個肯亞小孩清理腳趾。畫面中的我理著小平頭、穿著簡單的短T短褲、手腕一排刺青，簡直就是個毛頭小子，相較於現場身著西裝、正經八百的人們，坐在一旁的我，對比還真強烈！

應該沒什麼人知道，我腳上穿的皮鞋，是不堪同事咄咄逼人、典禮前一天半夜趕到家樂福買的一雙三百塊皮鞋，而我身上那件合身的西裝外套，是我唯一一件比較正式、從路邊撿來的衣服。某一天，我跟太太在住家附近的中原大學散步，突然看到前方有一件西裝外套被丟在路邊，就撿起來穿穿看，沒想到，咦！還滿合身的！我就將這件外套帶回家了；每個星期日，還常常穿著這件外套在教會演講。大家聽說後都笑我，穿著路邊撿來的外套去見總統。

穿便宜的鞋子、路邊撿的外套，在台灣大概會被視為不尋常的舉動，不過，對我在肯亞偏鄉遇見的那些孩子來說，幾乎是他們的日常。

三年多來，我一直和某種形象一起出現在媒體上：隨性、衝勁、一雙雙黏著

穿著路邊撿來的外套見總統。

緊張的傑森，像是被迫上台講我的好話。

泥土的腳——無論是沒有鞋穿的肯亞小孩，或是我那雙沾滿黃土的球鞋。二〇一四年，二十七歲的我不小心送出一個裝滿鞋子的貨櫃到肯亞，意外開展一連串的當地工作，包括義診、社區衛生、貧童就學、女孩衛教……肯亞偏鄉的大太陽、漫天的風沙，是我最熟悉的場景，突然面對精緻的鎂光燈、鋪著紅毯的高級府邸，反而有點不自在——畢竟，我和太太連婚禮都是雙雙穿著牛仔褲跟帆布鞋出場的。

邀請非洲好友一同致詞

同樣不自在的，還有我的肯亞朋友傑森．牧登約（Jason Mudenyo）。他是我們在肯亞的夥伴道森．牧登約（Dawson Mudenyo）牧師的兒子，正在台灣當一年的交換學生。典禮這天，我向一些感謝的人致意後，就邀請他代替我致詞。

傑森滿臉緊張地上台，講了幾句中文的自我介紹，然後說：「我來自肯亞，現在正在台灣念書。我第一次認識右任，是在我的家鄉基塔萊（Kitale），看見他和我們一起生活，忙著分送台灣來的鞋子給需要的小孩。這段時間，我看到很多台灣人在肯亞偏鄉付出的努力，我相信有你們的協助，我們有一天可以讓自己的國家變得更好，感謝台灣。」那天，道森和太太也在台下，驕傲地看著兒子站在台灣總統府裡的頒獎典禮，介紹自己的家鄉。

現在想起來，還是滿不可思議的。沒想到有一天，我會和另一個國家的青年一起站在台上，分享許多動人的生命故事——畢竟，曾經在許多人眼中，楊右任只是「小屁孩」「問題少年」的代名詞。

不習慣正式穿著的我，連自己的婚禮都是牛仔褲與帆布鞋。

CHAPTER 2

那個班上最吵的小屁孩

報告老師，我現在靠嘴吃飯囉！

從小，只要提到頂嘴、睡覺、遲到，在老師們腦海中浮現的臉龐，我一定是固定班底。「楊右任！上課不要睡覺！」「楊右任，為什麼又遲到?!」「楊右任！課堂上安靜一點！」每次老師喝斥完，我就摸摸鼻子安靜，但閉嘴不到幾分鐘，又忍不住開始跟旁邊的同學打屁，直到老師終於抓狂地高分貝大喊：「楊右任！這麼愛講話，以後是能靠這張嘴吃飯嗎?!」

獲得「十大傑出青年」那天，講完感言，我腦中突然想起老師說的這句話，在「舊鞋救命」團隊裡，我常常必須擔任向外溝通、傳遞願景的角色，夥伴有次忍不住說：「你這張嘴真的滿厲害的！」當下，我很想告訴那位老師：「老師，我現在真的在靠這張嘴吃飯了。」

每次去學校，好不容易終於撐到放學，只要鐘聲一響，我就會迫不及待背起書包、拿起滑板，往教室外一股腦地衝。不是為了回家，而是跑到附近的公園玩滑板。

一九八七年，我出生在台中一個不愁吃穿的家庭，是家裡三個小孩的老么。爸爸和叔叔都是上一代的中國台商，爸爸從賣鞋開始，到擁有自己的鞋工廠，當時敢

國中開始，我就愛穿垮衣垮褲。

小時候的我，夢想當上全世界最強的滑板選手。

當時的小屁孩照片，我的頭永遠是往上仰30度角。

衝進去的人，幾乎都能賺一筆，家人也常常一起投入，幫助他的事業。但是，我很小就迷上滑板與塗鴉，十三歲時，有了第一塊滑板，每天下課、放學、寒暑假，都在玩滑板。當時，全家只有我不想碰鞋子。

只有滑板和塗鴉的世界

家裡經濟無虞，但我媽媽管得很嚴，從來不隨便給小孩零用錢。我跟哥哥姊姊吃得好、穿得好，但不會有自己的錢可以花。那時班上同學都有五塊、十塊的零用錢，只有我總是口袋空空，久了，好像自然而然也沒有什麼消費的欲望或習慣。

爸媽不給我錢，但給我很多自由。我是師長口中那個愛睡覺、講話、開黃腔的小屁孩，常常因此被處罰，但在爸媽眼裡，我頂多是個愛玩的小孩，不會翹課去打架、在廁所吸毒；只要我的行為舉止在一定的規範裡，不做壞事，他們通常還是願意給我自主權。

就這樣，我沉浸在塗鴉與滑板的時間越來越多，對我而言，塗鴉不再只是藝術，滑板也不再只是運動，我愛上了整個嘻哈文化。我開始穿板褲、戴板帽、聽饒舌，上課畫塗鴉，下課練滑板，夢想當上全世界最強的滑板選手。

十四歲的某一天，我和哥哥三更半夜又跑到梧棲一帶的滑板場練習，我姊則在旁邊打發時間，看著我溜過來、滑過去，沉浸在自己的世界裡。突然！一個滑竿的動作，我從高空跳下，左手瞬間壓在地上，「啊——」手臂應聲骨折，變成閃電的形狀，我立刻倒在地上痛苦地大叫。姊姊嚇壞了，馬上打電話通知爸媽，哥哥則開車將我送到醫院。

「楊右任！怎麼會這樣?!」匆匆趕來醫院的媽媽，看到我插鼻管、吊點滴，醫生在一旁準備為我動手術，馬上哭了起來。看媽媽這麼緊張，我那死都要搞笑的個性當然不會認輸，於是馬上講了一個黃色笑話「安慰」她。

接下來幾天住院，我仍然沒有「病人該有的樣子」，不但將點滴瓶玩壞，導致整隻手腫起來，還慫恿來探病的表哥推著我的病床到處跑，搞得護士們暈頭轉向，打針時老是找不到人。

這次骨折，並沒有壓碎我對滑板的熱情。住院一週後，纏繞著繃帶的手臂還吊在脖子上的我，馬上回家翻出滑板，又衝往滑板場了。

因為心力都花在滑板與塗鴉，平常的學業我就靠小聰明應付，導致成績每況愈下，最後，天不怕地不怕、沉浸在滑板選手大夢的熱血屁孩，終於以糟糕的國中成績畢業。

不會念書，不如去澳洲學英語吧！

但是，爸爸沒被我滿江紅的成績單嚇到，反而對我的未來有不同想法。當時，他的生意開始需要開拓國外客戶，常常得靠翻譯跟客戶溝通，突然一個念頭在他腦中出現，心想：「兒子不會念書，那專心學個英文就好，讓小孩練好英文，說不定以後全家還能一起拓展事業版圖」，便打算送我們去國外讀書。本來他希望我去美國，但那時九一一恐怖攻擊事件才發生沒多久，很難送小孩過去，剛好，有位我從沒見過的叔公一家住在澳洲，也願意接待我們，於是，十五歲的我便跟著姊姊和表哥前往澳洲。搭上飛機前，感覺有點不真實，但一抵達澳洲，我的心情只有興奮。

沒想到，搬進叔公家之後，我就發現我再也不能碰滑板了。

CHAPTER 3

在澳洲的瘋狂冒險和遇見上帝

在澳洲「嘻哈」得更徹底

我的叔公是上一代移民，家教嚴謹，門禁森嚴，非常注重課業。他的下一代，不論男女，都是醫生或高知識分子——在這裡，我發現人生被定義的最高境界，就是當醫生。我平時幾乎沒什麼機會出門，假日也很難到處蹓躂；玩滑板、塗鴉更是壞小孩才會碰的玩意兒。於是，住在叔公家的這幾年，我從沒碰過滑板，只有一次媽媽從台灣飛過來探望我時，給了我驚喜，偷偷幫我帶了滑板，等我出去玩過癮了，滑板又跟著媽媽回到台灣。

玩不到滑板，我的焦點幾乎全部轉移到塗鴉上，漸漸地，我結交了很多熱中塗鴉與嘻哈文化的朋友，穿著、思維、交友圈、言行舉止，全都沾染上嘻哈文化的氣息。當時我正在念一間公立高中，成績還不錯，有時甚至排行全校前十名，但高二時，我開始認真考慮自己的未來，也想要搬出叔公家，奔向個人的自由。最後，我確定自己想念設計系，就跑去申請一間藝術學院，結果居然順利錄取，而且還找到了房子。

半夜上街躲警察的塗鴉客

聽說我讀到高二就中輟，跑去念藝術學院，再怎麼開明的爸媽多少也會有些緊張。姊姊來澳洲一年就回台，表哥也只待了兩三年，那陣子，我投入所有的心力與爸媽來回溝通，終於說服了他們支持我這個決定——不過，進入藝術學院後，我最常做的還是深夜在街上鬼混、四處塗鴉，因此認識不少玩樂的同好。

澳洲法律規定街頭塗鴉是違法的，而且是非常嚴重的犯法，因為政府每年得花好幾百萬清理塗鴉，有些名氣大、很厲害的塗鴉客，甚至會被警察盯上，罰款、抄家、留紀錄，或是直接抓去派出所。所以，我們每次行動都小心翼翼，戴口罩、戴帽子、全身穿黑衣，再挑一個不會被發現的時間出門。

塗鴉圈有個不成文的奇怪現象，就是塗鴉工具都必須是偷來的；如果你用買的，大家就會認為你很遜，不算真正的塗鴉客。雖然我不知道現在的塗鴉界是不是依舊如此，但至少十幾年前，我們都得去偷噴漆罐、麥克筆、顏料……，好證明自己是「正港」的塗鴉客。塗鴉技術好一點的人，還會自己調麥克筆跟噴漆的顏色，像我就會切斷原子筆的筆管，將一個噴漆罐放在冰箱，另一個泡在熱水裡，再用筆

在澳洲最常做的，就是半夜上街塗鴉。

管連接兩個噴漆罐，全部的漆就會跑向低壓的部分，如果兩罐噴漆分別是紅色與白色，就可以調出粉紅色。

盡情揮灑的瘋狂青春

通常，我習慣在家裡準備好塗鴉工具，半夜三點左右出門，目的地距離近的話就走路，遠的話就騎腳踏車。噴漆罐裡面有鐵球，稍微碰到就會發出聲音，所以我們都會在罐底黏上磁鐵，這樣搖晃噴漆罐作畫時，鐵球因為與磁鐵相吸，就不會發出聲響、引人注意。

我習慣事先找好塗鴉位置，例如公共廁所、廢棄屋、停車場、鐵軌或火車閒置的車廂，這些都是比較安全的地點——尤其火車廂，是很受塗鴉客歡迎的熱門目標，因為火車一發動，就會變成行動式看板，自己的作品就能被很多人看見。

另外，我的背包也隨時放一隻麥克筆，看到閒置的空地、沒人注意的角落，就會抓緊機會「創作」。有次我跟朋友去廁所，他突然指著廁所牆上一個塗鴉說：

「哇！這個畫得超帥的！」我一看，竟然是我以前留下的作品，心中馬上成就感爆表。

就這樣，我每天晚上都在街頭塗鴉、研究其他人的作品，一天幾個小時都在畫畫。現在，我家裡還留著各種不同的噴頭，金色的噴漆頭很細，可以畫很多細節；粉紅色的噴漆頭有四根手指粗，方便在短時間內迅速塗滿顏色閃人……算是這段瘋狂青春的紀念。

愛偷吃東西的「最佳員工」

不過，搬出了叔公家，最重要的還是想辦法養活自己。於是，十八歲的我找到了第一份工作：在大賣場推購物車。一開始我只有學生簽證，所以其實是非法打工；即使後來調整成可工作的學生簽證，工時規定不能超過五十小時，我還是到處打工，也挺喜歡自己賺錢的感覺。

我接連到中國一元商品店顧店、在海鮮速食店收銀、在餐廳當前台……其中最喜歡的，就是在肯德基廚房顧後台。

認識我的人都知道，我超愛吃炸雞。自從到肯德基工作後，我簡直身在樂園，常常偷吃店裡的炸雞——當時，我每天的早餐是小隻辣雞翅，午餐是肯德基套餐，晚餐就帶份炸雞桶回家。朋友到我家，一打開冰箱，全是從店裡偷回來的汽水飲料，只要是在肯德基看得見的，也都能在我家看見。黑人文化裡，大家也都很愛炸雞，所以朋友三不五時都會跑來我家，等我下班，一起啃免費的炸雞。

每次聽到這段經歷，旁人都驚呼我實在太誇張。我以為大家是針對順手牽羊的部分，結果大多數人反而都是難以置信地問我：「每餐吃炸雞，你吃不膩嗎？」

我回答：「你知道嗎？我一從肯德基辭職，隔週就又回去花錢買炸雞吃了。」

雖然我一直偷吃店裡的炸雞，老闆卻很喜歡我。在國外，通常在速食店打工的年輕人都比較魯莽、不順從、愛惡作劇，像我有個愛搞怪的同事，沒事就會在吸管上面刺一個小洞，只要客人一吸，衣服就會被飲料弄髒；但我從小在華人社會長大，大概無形中保留了華人待人處事的習慣，所以，雖然我也是很皮的小孩，但相比之下，我對長輩跟老闆就顯得很客氣，至少老闆叫我做什麼，我就去做，因此老闆很欣賞我，甚至頒給我一張「最佳員工」獎狀，上頭還貼了我的照片。

人不可貌相的最佳代表

某天，老闆一進門，心情看起來特別好，他看到我，就大聲對我吆喝：「右任！來來來！你去後面拿一罐可樂，我請你！」我笑笑地應聲，轉過身心想：「拜託，我平常早就自己抬一整箱回家了啦！」

我的成長經歷一直是「人不可貌相」的證明。現在在別人眼中，我的人生似乎一直比較偏向鼓勵人的那一面，證明小屁孩也能為這世界付出一點貢獻，但我知道我對「人不可貌相」的體悟，更來自這段時期——當我表現得很客氣、很有禮貌，是老闆眼中的「最佳員工」，其實我心裡正一肚子壞水呢！《聖經》上有一段話說：「人心比萬物都詭詐，壞到極處，誰能識透呢？」或許也是這樣的經歷，讓我在待人處事或做決定時，比較不會受到外在形象與刻板框架的影響。

全身刺青的熱情牧師

當時，我租的房子位於學校附近，是以前從沒來過的地區，剛搬進這一帶時，附近完全沒有認識的人。某一天，我在家裡附近閒晃，想找個籃球場打球，最後發現一座四周圍牆都是塗鴉的籃球場，馬上就被吸引。「好酷！以後可以來這邊打球！」我一邊這樣想，一邊走進籃球場，才注意到有個全身刺青的男人在打球。

「嘿！」男人對我擺擺頭，打了招呼。

「嗨！」我回聲。

「你一個人嗎？」

「對啊！」

「要不要來打一場？」

我們聊了起來，才知道這個男人是一位牧師，而這座籃球場就是他的教會。他的名字叫做艾力克斯．麥肯（Alex McCann），全家都是混幫派的。三歲時，他爸爸在家門口前被殺，媽媽則一天到晚酗酒，哥哥曾被抓去坐牢，他自己也被警察逮捕過，但因為太年輕，最後被送去感化院。後來，他哥哥成了基督徒，也改變了他的人生。

我很快跟艾力克斯成了好朋友，每個禮拜日都到教會報到，但我只是對他的人生經歷感興趣，並沒有接受基督信仰。週日早上做完禮拜，我就跟一群朋友出去偷東西；晚上讀完《聖經》，就跑去街上塗鴉。平日早上上課、下午上班，晚上回家後塗鴉到三更半夜，空閒時跑到教會打發時間，就這樣過了好一段日子。

當時，艾力克斯才剛創立這間教會，成員只有兩三個，我就是其中一個，所以他常常買披薩到我家，一起討論很多事情，我也總是跟在他旁邊，排椅子、製做海報、修理音響設備。

在教會「鬼混」的日子

我和朋友都很愛惡作劇，曾經拿強力膠將大約台幣五十元金額的硬幣黏在地上，讓彎下腰的路人怎麼撿也撿不起來；或是用火將硬幣烤得燒燙，讓撿硬幣的人燙到手。有一次無聊，我們就拿雞蛋砸別人家的窗戶，我朋友還拿紙袋裝了糞便，放在人家門口，然後點火燒紙袋，按下門鈴就跑。「叮—咚！」住戶一開門，發現著火的紙袋，就會用腳去踩，踩完後，火熄了，腳上也沾滿了大便。

成天和滿腦子鬼主意的我們在一起，艾力克斯當然也會遭殃。有一次，我到購物中心，看到艾力克斯的車停在停車場，一時興起，寫了張紙條，夾在他車窗的雨刷上：「非常抱歉，傷害了您的愛車，我願意負起所有賠償責任。」但沒有留下任何聯絡方式，過幾天，我在教會遇到他，他說，那幾天他一直在檢查車子到底哪裡有問題。

雖然我們老是惹麻煩，但艾力克斯一直陪在我們身旁。他是一個滿懷衝勁跟生命力的行動派，隨著跟他相處的時間越來越長，我越來越嚮往他身上那股我從未見過的真誠、耐心、熱情與影響力。我們教會的成員，每個人身上都刺龍刺鳳，也大多是被社會貼上既定標籤的人，但艾力克斯依舊老是跟我們這群臭男生混在一起。他說：「上帝看重的是你的本質，祂會讓你看見自己的軟弱與驕傲，卻不會以世俗標準來衡量你的人生。」漸漸地，我越來越想認識他口中那位改變他一生的上帝，最後，我對艾力克斯說，我想要受洗。

改變我一生的艾力克斯。

我與同在教會「鬼混」的兄弟們。

調皮的孩子成為上帝之子

艾力克斯答應為我施洗，那天，他在他家後院辦了一個派對，準備了他小孩平常在玩的那種充氣游泳池，還有滿滿的蛋糕跟水果，許多朋友都開心到場，等著為受洗的人慶祝。當天，有個兄弟要跟我一起受洗，結果他帶了五根菸到場，在受洗前一股氣抽完。他說：「我等一下就要受洗了！受洗後就不能再抽菸了！」現在想起來，真是讓人哭笑不得。

成為基督徒後，我家從不上鎖，依舊讓哥們兄弟自由來去。我的住家其實才三四坪大，但總有來自四面八方的朋友：塗鴉的、做音樂的、跳街舞的、染上酒癮或菸癮的、被趕出家門無處可去的，甚至吸毒、抽大麻；我沒有這些習慣，但只要他們敲門，我的家就會為他們敞開。

我姊常常拿我在澳洲的照片笑我，因為在一堆一八〇、一九〇公分高的男生當中，我總是看起來最年輕、最不起眼，誰都沒想到，會是這個小夥子在照顧大家，在他們遇到問題時，打開家門接納他們。

而所謂的「接納」，當然就像艾力克斯與我們相處的經驗一樣，完全不是字面上看起來那麼簡單夢幻。記得有天回家，一打開門，就發現家裡亂七八糟，當下以為遇到小偷，但定睛一看，「……不對啊，錢、電視、電腦怎麼都還好好的？」我靈光乍現，打開冰箱，果然！食物都被吃完了！原來又有人在我家開派對。

還有一次，我一返家，一個兄弟擋在門前，滿臉笑容地對我說：「右任，你先不要生氣，我要給你看一樣東西。」我跟著他進門，馬上映入眼簾的是破了一個大洞的牆壁、斷成兩半的床板——這群人太誇張了吧！居然把我家玩成這個樣子！見我臉色難看，這群兄弟馬上向我賠不是，連連說著：「抱歉啦！沒關係啦！我們會想辦法修好！」結果，他們跑去購物中心偷了一張海報，貼在破洞上，又去路邊撿了一張別人丟掉的床送我，就算是了事。

當時，常常被這群朋友惹得火冒三丈，但我也在這段時光裡體驗到生命轉變的過程，非常緩慢、困難卻無比值得。雖然我規定來我家不能抽菸、不能喝酒，講一次髒話就罰一塊澳幣，還要盡量上教會——第一週，我們就存了幾百塊澳幣捐給教會——但他們知道，這個只有三四坪的秘密基地，是永遠接納他們的避風港。

CHAPTER 4

月薪22K的日子

沒念完的藝術學院

在藝術學院讀了兩年，我就中斷了學業，因為我覺得自己已經將有興趣的科目學得差不多了，所以，我向老師報告我的想法後，就離開了學校。但是，我不認為這段日子是白費的，也很感謝這間學校帶給我的一切。

記得當初一進學校，第一堂課就讓我印象深刻。當時的老師要我們拿出一張紙，對我們說：「請你們在紙上畫出六的一半」——同學們面面相覷，不是很確定老師的意思，最後，有些人在紙上寫「三」，有些人直接寫「六的一半」，後來才知道，老師是要我們在沒有任何規則之下，用創意去思考，一件事物可以用哪些不同的角度去呈現。於是，有人改畫三件物品，有人寫羅馬數字，有人將六寫到一半停下來，有人開始寫「三加三減三加三加三減三……」這類課程最大的目的，就是幫助我們在框架外思考。

但是，我們的作品又會實際與業界合作，例如外面廠商需要一個logo，我們就要真的去考量對方的預算、需求、風格，因此，除了練習天馬行空的思考外，學生也得評估現實的條件，完成接地氣的作品。

另外，關於美感、技術、工具……老師都不會一步一步地教，學生大多得自己想辦法從網路或圖書館自學，因此我常常一整天泡在圖書館，那也是我這段期間最大的收穫——學會怎麼自學，學會如何吸收我要的知識；美感、技術、工具都會過時，但自學方法是一輩子都受用的。

成績不及格，不代表人不及格

在學院的第二年，我就明確知道自己想學什麼。我將心思都花在喜歡的科目上，投入所有時間跟心力，總是得到極高的分數；但是，沒興趣的科目，我就完全擺爛，常常在課堂上趴著睡覺。有一次點名，老師突然問我：「同學，你是新來的嗎？」我不好意思地說：「不是啦，只是我常常翹課或上課睡覺，所以你可能不認識我……」可想而知，這些科目的成績都慘不忍睹。

學期末，我收到了成績單，上面印著：「不及格」「不及格」「不及格」「不及格」「不及格」……我把這張成績單收起來，轉頭跟朋友說：「我要好好保存這

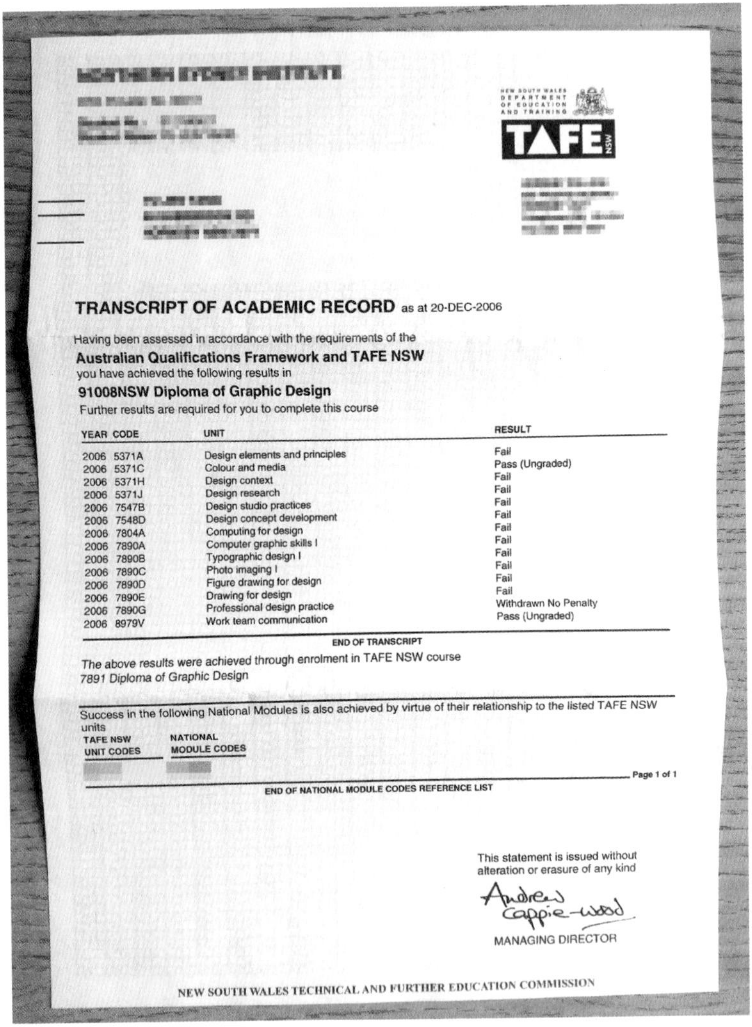

[redacted]

NEW SOUTH WALES DEPARTMENT OF EDUCATION AND TRAINING

TAFE NSW

[redacted]

TRANSCRIPT OF ACADEMIC RECORD as at 20-DEC-2006

Having been assessed in accordance with the requirements of the
Australian Qualifications Framework and TAFE NSW
you have achieved the following results in
91008NSW Diploma of Graphic Design
Further results are required for you to complete this course

YEAR	CODE	UNIT	RESULT
2006	5371A	Design elements and principles	Fail
2006	5371C	Colour and media	Pass (Ungraded)
2006	5371H	Design context	Fail
2006	5371J	Design research	Fail
2006	7547B	Design studio practices	Fail
2006	7548D	Design concept development	Fail
2006	7804A	Computing for design	Fail
2006	7890A	Computer graphic skills I	Fail
2006	7890B	Typographic design I	Fail
2006	7890C	Photo imaging I	Fail
2006	7890D	Figure drawing for design	Fail
2006	7890E	Drawing for design	Fail
2006	7890G	Professional design practice	Withdrawn No Penalty
2006	8979V	Work team communication	Pass (Ungraded)

END OF TRANSCRIPT

The above results were achieved through enrolment in TAFE NSW course
7891 Diploma of Graphic Design

Success in the following National Modules is also achieved by virtue of their relationship to the listed TAFE NSW units

TAFE NSW UNIT CODES	NATIONAL MODULE CODES
[redacted]	[redacted]

Page 1 of 1

END OF NATIONAL MODULE CODES REFERENCE LIST

This statement is issued without alteration or erasure of any kind

Andrew Cappie-Wood

MANAGING DIRECTOR

NEW SOUTH WALES TECHNICAL AND FURTHER EDUCATION COMMISSION

那張印滿「不及格」的學期末成績單，直到現在我仍然保存得很好。

張紙，把它裱框掛起來，這樣以後才能告訴其他人，你的成績單不及格，不代表你就是一個不及格的人。」

休學之後，我的生活就在打工與教會之間往返。當時我在一間速食店當前台，老闆是一位在澳洲長大的中國人。或許是同為華人，他很信任我，也想培訓我成為經理。這段時間的生活，開始穩住了我整個人，現在想起來，我仍然非常喜歡這段時期的自己，覺得自己開始長大了。

然而，此時，我家面臨了天大的難關——家裡破產，工廠關了，父母欠了一屁股的債。

家中破產，回到台灣

我還在台灣時，爸爸就希望研發一種可以自由變換鞋面的鞋子，多年來，他一直對此投入大量心力與資源，但始終沒有起色。我在澳洲念高中時，家裡的經濟開始走下坡，等到我上了學院，才知道整體狀況已經很嚴重了。

爸媽從來沒告訴我們家裡究竟欠了多少錢，但我們都知道他們已經撐不住了。爸爸收掉中國的工廠，台灣的工廠也接連關閉；雖然大部分的債主都是家族親戚，至少不會有討債、尋仇的危險，但親友之間的關係受到很大影響，一關起家門，爸媽的狀態都像得憂鬱症一樣。

我爸爸是傳統宮廟的主任委員，總是捐很多錢到廟裡，隨著生意越來越糟糕，我媽也跟著爸爸到處求神問卜，期待廟公與乩童預言幾月會有什麼機會、哪個月就可以翻身。雖然每次的結果都令人失望，但他們也不敢對神明講什麼，轉而研究搬家、風水；即使家裡已經沒錢了，仍在想辦法花錢處理這些事務。

此時，我突然冒出個想法：或許我應該回台灣與哥哥姊姊一起照顧家裡。不過，我在澳洲的生活剛上軌道，一定得在這個時機點回台灣嗎？我想到夜市、台語、街上呼嘯而過的幾百輛摩托車……台灣是家鄉，此刻卻覺像異鄉；在國外待久了，突然也覺得台灣滿新鮮的。更重要的是，在這樣艱難的時刻，我想與家人朋友分享基督信仰，讓家人看見這個小屁孩的轉變，也為他們的內心帶來平安。離別時，艾力克斯鼓勵我：「要堅守在正確的道路上，說不定，很多人的生命會因你而改變。」於是，二〇〇七年，我二十歲，帶著停留在國中畢業的學歷回到台中。

在動保協會的工作

艾力克斯幫我找到了一間台灣教會，雖然牧師住在中壢，但為了上教會，我就每週往返中壢與台中。我這個被鼓勵要改變很多生命的年輕人，回台後，發現沒什麼「大事」能做，除了陪家人、上教會，還得先服兵役。

等兵單的日子有點無聊，又不能找太正式的工作，剛好，我發現台中清水的一間動物保護協會有適合的職缺，就前往應徵。

我從小就很喜歡動物，尤其是狗。我在澳洲的家養了隻狼犬，回台後，則養了隻杜賓。因為不喜歡固定上下班、打卡制，我在台灣很難找到工作，但這間動保協會很自由，工作採責任制，只要完成當天所有的工作，最後餵飽狗兒、關好籠子，就可以下班。

協會的園區收容了一千多隻流浪狗，而且不實施安樂死，所以這些狗直到老死都會受到很好的照顧。大部分員工都是阿姨和老人家，每天掃地、餵狗、料理各種大小事，我則被分配到醫療室，負責包紮狗的傷口、換藥，還要掃狗屎，偶爾也可以帶幾隻喜歡的狗出去逛逛，算是充實又開心。

上帝叫我搬家

服完兵役後，我找到一份補習班的工作，專門改學生的英文作業，也想嘗試自己賣衣服。我和表哥都很喜歡穿潮T，就一起做設計、販賣，但當時台灣潮T市場已經飽和，我們沒有人脈、沒有生意經驗，做了兩三年，沒賠錢也沒賺錢。

總而言之，這兩三年生活過得還不錯，我與家人之間的感情越來越好，有穩定的收入，也固定上健身房練身體，看起來什麼都不缺，但我心裡一直感到很空虛，覺得哪裡怪怪的，人生好像不該這樣子而已。那時我才深刻意識到，我應該重拾我的信仰——雖然中壢的牧師偶爾會傳簡訊給我，問我過得如何，但我當完兵後就再也沒去教會了。

有天，我姊無意間閒聊說：「你還記得你剛回來時，每週往返台中跟中壢嗎？還說上帝要你搬去中壢呢！」不知道是哪根神經被戳到，總之，我瞬間下了決定——隔週就要搬去中壢！於是，我辭掉補習班的工作，在中壢找了一間最便宜的房子住下來。

到「木匠之家」當志工

我離開家之後，原本脾氣就比較火爆的姊姊和爸媽衝突越來越頻繁，眼看家裡氣氛一天比一天緊張，我提議讓姊姊也搬來中壢，她答應了，又看我生活在信仰裡好像一直很開心，就跟著我去教會，結果她的個性大大轉變，成了我們家第二個受洗的人；我爸媽都由衷為她開心，因為她接受信仰後的脾氣實在差太多了！

我在中壢的牧師史哲明是一個書呆子……不是，是一個讀很多書的人啦。他帶著我認識更多神學知識，也介紹我去中原大學附近的「木匠之家關懷協會」當志工。

我與我的兩隻愛犬。「十大傑出青年」典禮結束後，哥哥看到我和總統的合照，笑我：「曾經掃狗屎的人，也能得十大傑出青年喔？」

我在「木匠之家」大多和學生待在一起。

「木匠之家」是一家公益二手店，同時提供弱勢朋友工作機會，培訓他們改造二手家具，還不時開免費的社區英文班。我在那裡擔任青少年輔導，大多都在陪伴附近的學生、青年，或是教他們練習英文對話。只是，爸媽看到我沒有固定收入，一直很擔心，我就去找了一個英文補習班的兼職，聽起來比較像「正常職業」，讓他們安心一點。雖然我的時薪很高，一小時有幾百塊，但我將大部分時間都給了教會與「木匠之家」，賺的錢夠用就好，於是算下來，我的月薪大約只有22K。雖然錢不多，但這種生活的感受卻截然不同，內心充實又滿足。

二〇一一年，木匠之家開辦了一個青少年英文會話課，一如往常來幫忙的我，遇見了另一個同樣擔任青少年輔導的女孩，她的名字叫雷可樂（Kara Remley），來自加拿大。

CHAPTER

5

遇見一個加拿大女孩

從小到處跑的女孩

可樂擁有一頭棕髮、一雙褐眼，一開口卻是流利的中文，原來，她已經住在台灣五年了。

可樂的爸爸是一位宣教士，長期在印度與肯亞服務，家裡有四個女兒，因此四個小女孩從小就常跟著爸爸到處跑，她自己就接連去過印度、哥斯大黎加、巴西、南非、坦尚尼亞、盧安達等國家。

第一次去印度時，這個當時只有十二歲的小女孩受到了極大的震撼，在她的世界裡，以為所有人的生活都跟她一樣，有乾淨的水可以喝，有方便的電力可以用。在德里街頭，她看見許多小孩在兩旁行乞，身上帶著傷口，晚上就睡在路邊，回加拿大後，她常常在家裡做事做到一半，或是開個燈都會突然想到印度，一再提醒自己，別將擁有的一切看得太理所當然。

不少人都問過可樂，為什麼她這麼重視家庭，也幾乎不曾懷疑過信仰？她說：「可能是因為，我爸媽不管在外人面前，還是在我們四個女兒面前，表現出來的言行都是一致的。」可樂一家的關係非常緊密、互動非常良好，直到現在，四個女兒之間還會彼此搶著爭取跟爸媽相處、說心事的時間。

十五歲時，可樂在高中遇到身分認同危機，她的朋友常常問她和雙胞胎妹妹：「為什麼你們相信有上帝？」「怎麼能相信有上帝？」從小，可樂就一直覺得自己很笨，即使她特別認真上課，考試還是常常考不好，現在，連信仰的問題她都回答不出來，有時候還會被問到哭。有一天她上課上到一半，心裡突然很難過，就跑回家，看到媽媽在家，她終於情緒崩潰：「媽媽，我最近一直不知道我到底是誰，我覺得我的生活沒有意義。」可樂的爸媽平常不會對孩子噓寒問暖，都是等孩子自己遇到問題，來找爸媽訴苦。看著大哭的可樂，媽媽對她說：「你不要看自己能做什麼，你要認真聚焦的是，上帝要怎麼帶領你。」從那時起，可樂最常向上帝禱告的問題就是：「祢要我做什麼？」她說：「上帝放我在這個世界有一個原因，所以我要找到這個原因。」

十八歲時，可樂申請到一個坦尚尼亞的初級醫療課程，她先後到南非與盧安達受訓，再到當地待了七個月，幫忙醫生接生、動手術。

其實，在她還沒上到接生課程時，醫院就曾叫她去幫忙，因為資源及人手實在太短缺了，她只好硬著頭皮上場，一邊做一邊學。醫院的設備很簡陋，大家都穿著拖鞋，也沒有乾淨的醫療制服。產婦躺在一塊簡單的木板上，醫護人員忙著接生，可樂則在一旁拉一條布線，將血吸出來。這些吸血的毛巾都是產婦自己準備的，因為醫院沒有足夠的物資，所以她們通常會帶幾條毛巾來生產，再帶回家清洗。

「可樂，你要去台灣」

結束坦尚尼亞的階段性任務後，她回到加拿大，得到一份不錯的職位，有房有車，生活無憂無慮，但是，非洲的一切總會不時在她腦海中出現。

某天晚上，可樂忍不住禱告：「上帝啊，為什麼我總覺得自己要回到非洲做一些事？請祢明確告訴我答案，不要讓我以為自己的感覺就是祢的意思。」當下，她竟聽到一個很清楚的聲音說：「可樂，你要去台灣。」

她心想：「蛤？台灣在哪裡？在泰國嗎？」

原來，可樂就像許多加拿大人，搞不清楚台灣和泰國的差異，隔天上網查才知道，台灣是一個中國旁邊的小島，都使用中文交談，她馬上心想：「不可能！我根本沒接觸過這裡，中文又那麼難，我怎麼能到這麼不熟悉的地方？」但接連幾個禮拜，她上班時都會想起那句「可樂，你要去台灣。」她受不了，決定寫信詢問幾位教會的牧師跟阿姨，請他們為自己禱告，並暗自期待他們會回覆她：「你太衝動了，不要憑著一時的感覺作決定！」沒想到，每個人都在當天回覆她：「可樂，雖然聽起來很無法置信，我也不知道為什麼會這樣，但我為你禱告時，心裡都很平安，你應該要去台灣。」

於是，二〇〇八年，她真的接洽上適合的單位，來到了台灣。

香蕉配雞蛋的絕妙組合

可樂幾乎都待在中原大學的教會與木匠之家，和學生們混在一起。初期她拿的是宣教士居留證，所以不能工作，經濟來源都靠教會支持；但有一次，她感覺到上帝要她將一個金額放進信封袋，走到教會，看見一位不熟悉的學生，就對他說：「這是上帝要我給你的。」幾年後，這位同學才在某次的聚會中分享，當時他付不出房租，走投無路之下才試試看禱告，結果當天收到可樂的這封信，打開一看，居然剛好是他所需要的數目，不多也不少。

可樂來台學中文，但學生都想和她練英文，她只好自己找機會努力練中文。現在，她中文的流利程度總會讓初識的人大吃一驚。我們在一起之後，可樂常常笑我是「香蕉」，外黃內白，她則是「雞蛋」，外白內黃——因為有幾次她打電話叫瓦斯，一開門，送瓦斯的員工都大感吃驚：「你是外國人喔?!怎麼電話裡聽不出來！」

雖然都已經踏上台灣了，但可樂說，剛來台灣的時候，還是完全不知道為什麼自己要來這裡。她說，大部分的人都比她聰明、學歷比她高，也比她有錢。來台灣之後，她最常禱告的就是：「上帝，祢到底帶我來這裡做什麼？我能幫到誰？這裡真的需要我嗎？而且，我原本想去的是非洲啊！」

第一個回答「想去非洲」的人

二〇一一年，我們在木匠之家的青少年營會相識，初見面的時候，其實我們對彼此都沒什麼感覺。可樂大我一歲，她說，她一見到我，知道我是她的同事，心中第一個想法是：「哪裡來的小屁孩？衣服穿得鬆垮垮、帽子戴得歪歪的……不過，英文說得滿好的！」

第一次聊天時，她突然問我：「如果你可以去任何一個地方，你想去哪裡？」我想了一下，自己從小在東亞與西方環境成長，喜歡黑人、嘻哈文化，但好像從沒接觸過它的起源，另外，因為信仰，我也想去當地看看有沒有什麼服務的機會，就說：「我想去非洲。」當下，她非常驚訝，因為她從沒遇過想去非洲的台灣人。而且，通常想認識她的台灣男生，都是想跟她去加拿大或美國，而我是第一個回答非洲的人。

有次和可樂聊天，聊到她為何和我在一起，可樂說，通常想認識她的台灣男生，都將她當成去加拿大的機票，只有我，想帶老婆跑非洲。

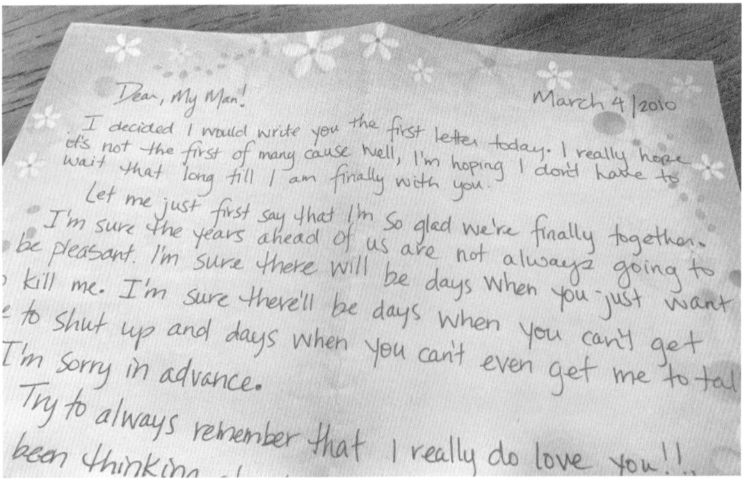

Dear, My Man! March 4/2010
I decided I would write you the first letter today. I really hope
it's not the first of many cause well, I'm hoping I don't have to
wait that long till I am finally with you.
Let me just first say that I'm so glad we're finally together.
I'm sure the years ahead of us are not always going to
be pleasant. I'm sure there will be days when you just want
kill me. I'm sure there'll be days when you want
to shut up and days when you can't get
I'm sorry in advance.
Try to always remember that I really do love you!!
been thinkin

可樂單身時有一個習慣，就是寫信給「未來的老公」。

寫信給「未來的老公」

可樂在單身時期有一個習慣，就是寫信給「未來的老公」，每封信都洋洋灑灑寫著她的夢想、生活裡的快樂和困難。一路以來，她身邊也出現過一些追求者，但最後都因為實在和信中這位「未來的老公」形象差距太大，所以她知道，這些男生不會是她生命的另一半。她的信是怎麼寫的呢？以下是其中幾封的內容：

Dear My Man

我決定今天要開始寫信給你。希望我不用等太久，就能和你在一起。

讓我先這樣說吧，我真的很高興我們終於在一起了！我很確定，我們前方的日子不會總是陽光普照，有時候你會想殺了我，有時候你就是無法讓我閉嘴，有時候無論如何我都不想講話，先跟你說聲抱歉，只要記得我真的很愛你！:）

最近我常常想著你，記得我朋友肯黛絲嗎？她這週訂婚了。還有，瑞秋交了一個男朋友。我必須誠實地說，我有一點嫉妒，真希望你現在就在這裡。我希望我們可以抱著彼此入睡，希望每天早晨可以從你懷中醒來，希望你常常親我的臉頰，希望你常常對我說「我愛你」。我希望我們越靠近彼此，就成長得越多。我希望你會常常提醒我，把上帝擺在生命的第一順位。

謝謝你愛我，謝謝你等待我。我希望我會是你全心等待的那個人。

可樂

嗨！寶貝：

我想跟你說我愛你！我知道我甚至不知道你是誰，但我真的愛你！

我很抱歉，我曾經將我的愛給了別人，但請你知道那已經都過去了，而我真的愛你:)

今天我很興奮，而且，有一點害怕。我剛從一場宣教課程回來，上帝在過去這幾週教了我很多事。

寶貝，我希望你同樣跟我擁有對這個國家的愛，我非常喜歡台灣人，這一週，我覺得上帝讓我看見祂有多愛這個國家與這裡的人民，我覺得我會在這裡待得非常久。所以，我希望你擁有和我一樣的熱情，雖然我知道你一定會的……因為你是我一直在等待的那個人，哈哈！我決定，除了你之外我不會和其他人在一起，所以，先謝謝你這麼熱愛台灣！這麼熱愛上帝所愛的世人！當然，也要謝謝你這麼愛我。

我祈禱，我們可以一起建立我們的生活，在彼此的關係中永遠將上帝視為第一順位，不管我多想用自己的方式改變你，都讓我們先轉向上帝。

聽起來有點白癡，但是我真的很期待，有一天我們過著沒有錢、沒有食物，只能依靠信仰的生活，一想到我就很興奮，去見證神如何供應我們的一切需要。寶貝，我真的很希望你和我一樣瘋狂，不然我一定會嚇跑你，哈哈。

好啦，我現在要睡覺了。我好期待能夠和你一起開始全新的生活，我希望這一天能夠很快到來。

愛你的可樂

嗨！寶貝：

最近我常常想到你的事，或許是因為我和瑞秋談到了你。

你知道嗎？最近我過得很好，不再常想著你或做白日夢，或者應該說，我終於非常樂於接受「單身的我」。而且，如果你現在在這裡，我應該會付出所有的時間和你在一起，而不會將時間分給我現在的工作和朋友，或是在奇怪的時間接電話、安慰傷心的人。

不過，有時候我還是希望你在這裡。最近我生病了，整天都在流鼻涕，腦袋很沉重又昏沉，超級討厭，真希望你可以抱著我；雖然，你可能一點也不想抱著我，因為你可能不想與我的鼻涕為伍，哈哈。不過，當你生病的時候，我希望可以陪在你身邊，為你煮熱湯、照顧你，抱著你讓你覺得溫暖。

寶貝，你會覺得我很多愁善感嗎？當你讀到這些信，你會開心嗎？還是這一切都只是個無藥可救的浪漫主義者在浪費自己的時間？

好吧，我希望不是，希望你看到這些信會高興。

寶貝，你可以答應我一件事嗎？請保證沒有任何人事物會卡在我們之間，即使是我們的小孩。我希望你是我生命中的第一順位（當然是在上帝之後），我希望我們的婚姻會是一個美好的榜樣。我最希望的，就是我們的人生，一路上都仰望上帝尋找我們的答案，但我需要你的幫忙，需要你鼓勵我。

愛你的可樂

她想要跟這種人結婚

隨著我們聊天次數越來越多、彼此認識越來越深，她開始覺得這個一起工作的小夥子是個很特別的人，只是聊天聊到一半，她就會忍不住盯著我，心想：「他到底多高？」原來，她的身高一七〇公分，爸爸身高一九八公分，所以她一直認為自己的結婚對象身材也會很高大。直到有一次，她看見我不顧形象與旁人眼光，為路上一個扭到腳的高大男人禱告，心裡很驚訝，終於下定決心：「雖然這個人身高沒有很高，但是他對上帝的信心卻超越很多人，我想要跟這種人結婚。」

我們越來越熟，她的信也開始出現了不一樣的內容……

嗨！寶貝：

我遇見了一個人，我真的希望那就是你！我們和彼此的牧師聊過，他甚至找我的爸爸談話，似乎所有人都很看好我們！

我真的很希望那就是你，如果不是，請明白我從來不想傷害你。這個人真的讓人驚豔，他非常尊重我，所以我知道他也不會傷害你，但，我真的希望他就是你。

我現在超級開心超級興奮！我不敢相信你可能已經來到我生命中了！我不敢相信你是這麼美好，不敢相信上帝這麼美好，將我所祈禱的一切帶進我的生命中。

現在一切好像變動得很快，我有點緊張，又有點興奮……不是，是真的很興奮。

我爸說，他覺得這個人對我而言真的會是一個好伴侶。當我太害羞或怯懦的時候，這個人會挑戰我。昨晚我們坐在一個公園，有兩個可愛的歐巴桑在跳舞，他問我，為何不去跟歐巴桑跳舞，結果我們兩個都跑去跟她們一起跳舞，真的超有趣！

我希望從此以後，我們永遠都會試著做些奇妙的、其他人不會做的事，讓我們永遠都不會活在「平凡」的生活中。如果我漸漸變得無聊、頑固，不再開始嘗試一些新鮮事，請重新讓我翻開這封信，提醒我曾經答應你，要一起嘗試各種好玩的趣事。

這真的很瘋狂，我甚至認識你還不久，但我已經可以看見自已嫁給你、和你一起生活、和你一起去愛身邊的人。我想我真的很愛你，真希望將來會是你看見這封信！

可樂

於是，我們認識兩個月之後，便想開始交往。交往前，我希望和她爸爸視訊，讓她爸爸認識我，得到他的許可與祝福。我還記得，當我一關關通過他的「面試」，他丟給我的最後一句話是：「站起來，跟我女兒背對背！」

怎麼知道彼此就是對的另一半？

我和可樂交往不久就決定結婚，因此常常有人問——我們如何確定彼此就是未來的另一半？有次我開玩笑說，可樂在學生時期常常感到自卑，其中一個原因是她一直覺得自己的屁股很大。如果一個女生有大屁股，在白人區可能會被笑，在黑人區就會被吹口哨；黑人文化很喜歡大屁股，我也很喜歡。有一次，我跟可樂聊到這件事，她說：「上帝的安排真是太妙了！」到現在，我還是會常常讚美她的大屁股。

不過，確認彼此是天造地設的一對當然不是靠大屁股這件事。我發現，交往期間，比起談情說愛，我們花了更多時間認識彼此的個性、成長故事與價值觀。以下這些問題，都是我們交往期間就深入討論過的，我大概將它們分成幾類：

雙方期待：

①這段感情的目的是什麼？

②你覺得一個丈夫／妻子的角色是什麼？

③你想像中的完美婚姻看起來應該是怎樣？

④我們兩個的感情有可能會遇到哪些挑戰？

↓通常會對關係感到失望的最大原因，就是雙方都帶著錯誤的期待。

人生目標：

①你覺得十年後的你會是什麼樣子？

②你的短期／長期目標是什麼？（個人、經濟、家庭、身心、生活水準）

③你的伴侶在你的這些目標中扮演的是什麼角色？

④在什麼情況下你會改變你的目標？

↓如果一個人喜歡努力工作，想要建立價值千萬的事業和生活水平，而另一個人想要奉獻海外，投入所有的金錢和時間生活在第三國家，這兩人的目標都很好，但這是兩個完全不同方向的目標。

信仰理念：

①你的政治／宗教理念對你有多重要？

②你需要你的伴侶在你的理念中參與多少？

③你是否會將你的理念傳遞給你的孩子？

④你的原生家庭有哪些政治／宗教理念？

↓對於某些人而言，他們的政治／宗教理念在生活中可能是非常重要的一部分，你的接受度有多少？

生活習慣：

①你理想中最好的時光是該怎麼度過？

②你有沒有什麼隱藏的習慣是我不知道的？（一定要誠實）

③你覺得兩人該怎麼分擔家庭中的責任？

④討論一下彼此對菸酒、毒品、藥癮、疾病的看法。

↓結婚後，你們大部分的時間都會跟對方在一起，而這些小小的生活習慣就可能會累積成一件大事。

經濟觀念：

①你的錢大部分都花在哪裡？

②我們將來的收入來源會是什麼？

③你的經濟目標是什麼？

④我的錢是你的嗎？你的錢是我的嗎？（婚姻關係）

↓這是夫妻最容易爭論的話題之一，與其遇到時再討論，不如事先理解雙方對金錢的看法。

養兒育女：

①你想要在幾歲的時候生孩子？要生幾個？

②你想要教給兒女最重要的價值觀是什麼？

③你會怎麼教養你的兒女？

④夫妻是不是有一方需要待在家中照顧兒女？

↓年輕的情侶要思考這個層面可能會覺得有點遠，但相信我，這些題目在孩子出生後會更難想清楚。

原生家庭：

①你的父母在我們的關係中會扮演什麼角色？

②你喜歡／不喜歡成長中父母教養你的哪個方式？有沒有成長的陰影？

③你的家人是否保有某些我們一定要遵守的習俗？

④你的原生家庭中有沒有可能影響我們的遺傳疾病或紛爭問題？

↓當你與一個人結婚，對方的家人也會成為你的家人。

交往兩個月，決定相伴一生

我和可樂在各方面都凝聚了很相似的共識，例如，我們都不太在乎要賺很多錢；我們都希望能從事一些助人或公益的工作；我們希望家庭生活能依照《聖經》上的教導去經營；我們都不太想要過於平穩、沒有突破的生活；我們希望能和另一半同時經歷個性、生命、信仰上的成長。曾經有人問我：「你們家看起來很不穩定，還跑去非洲，你老婆怎麼會願意過這種生活？」我們都會回答：「因為這是我們從一開始就共同期待的生活方式！」於是，交往兩個月後，我們就訂婚，並在二〇一二年步入禮堂。

結婚典禮當天，很有我們的風格，大家看著我們穿著帆布鞋，一邊跳著奇怪的舞，一邊唱著嘻哈歌曲。當我們互相說完誓言，可樂從口袋裡拿出一疊信，全是她這幾年寫給「我」的。

最後一封這樣寫著……

嗨！寶貝：

好，現在經官方認證了，真的是你！

現在我知道我一直以來寫的這些信，真的都是給你的！現在我知道我一直禱告的那個人，真的是你！

現在我們結婚了！

寶貝，我知道你覺得我很完美，我好像從來沒有犯過錯，但請相信我，我的缺點一大堆，可是，我答應你一件事，我會一直試著變得更好，我永遠不會放棄「我們」。我會

圖左為可樂的爸爸，他十九歲曾去印度宣教三年，這期間，他和可樂的媽媽都以信件來往。三年後，他回到加拿大，兩人才終於結婚。不知道寫信的習慣是不是也會遺傳？

愛你直到你離開世上的那一天……而且更久。

我迫不及待想要開始和你一起生活，迫不及待看見上帝會在我們的生命裡做什麼事情。

祂已經為我們成就了這麼多美好，我好奇祂接下來的計畫是什麼。

我迫不及待想和你開始建立教會、醫治人們的心、學著無條件愛你。

我迫不及待想要和你有可愛的小孩……雖然不會太快啦。

現在我們真的結婚了，我迫不及待接下來的餘生，每晚都能抱著你入睡。

我永遠都是你的！

愛你的可樂

婚禮結束回家後，我將這些信一封封讀完，其中令我印象最深刻的，是她在某一封信裡說：「親愛的老公，我等不及要和你一起經歷上帝安排的冒險，我等不及要和你一起度過沒有錢的生活，學習怎麼依靠上帝！」

當下閱讀的時候，只覺得感動，沒想到，這樣的生活，很快就來臨了！

CHAPTER

6

沒有鞋子，會失去性命？

生病，只因沒鞋穿

結婚後，我們過著很簡單的日子，如果你曾看過我們的新聞，就會知道我們常常被報導成「低收入戶」，因為我們大部分時間都花在沒有薪酬的教會服務上，主要的收入都來自我在補習業教英文的工作。

結婚一年後，我們迎來第一個女兒恩亞的誕生。我的岳父很興奮，特地來台灣看小孩，也關心我們夫妻倆的近況。聊到彼此的生活時，岳父說，在他服務的肯亞偏鄉，有許多小孩輟學、生病、失去生命，只因為沒有鞋子穿。

原來，肯亞的偏鄉有一種寄生蟲，叫做「沙蚤」（Jigger），這些沙蚤會鑽入當地人的腳指頭跟指甲，留下傷口；一旦腳上的傷口直接碰到地上的泥土、垃圾和病菌，就容易導致併發症。輕微的話，會導致雙腳潰爛，嚴重的話則會截肢，甚至奪去一個人的生命。

那麼，只要別光腳走在路上，應該就能預防沙蚤吧？「但是，他們都是偏鄉的窮人，每天的開銷光食物就要煩惱半天了，鞋子根本不會是支出的優先選項。」岳父說。

很難想像，一個小孩竟然會因為沒鞋穿而失去生命，可是，我們遠在台灣，沒人、沒錢、沒資源，好像也幫不上什麼忙。

家被鞋子淹沒啦！

當時，我姊姊一直向爸媽傳福音，爸爸從一開始的冷感，到後來開始看一些基督教節目，很受感動，過年時，就決定去找一間教會。沒想到那陣子，我爸媽每次聽講道，都覺得好像是上帝在對他們說話，回應他們人生裡的一些困難跟問題，很快就決定一起受洗，漸漸走出破產與憂鬱的陰霾。

也不知道為什麼，他們受洗後沒多久，我突然想起岳父提到的肯亞小孩，又想到家裡的鞋工廠雖然關了，但還剩下一兩千雙庫存——也許，我可以將這些鞋交給岳父！

只是，算一算，如果想以最便宜的海運送鞋到肯亞，將一個最小的貨櫃裝滿的數目，遠超過我現在能捐的一兩千雙。於是，我設計了一張募鞋的文宣，想了個標題「舊鞋救命」，放上網路，看看能不能募到需要的數量。

隔天早上，三大輛郵局的綠色貨車停在我台中老家門口，貨車門一打開，滿滿都是包裹，我們的臉瞬間跟郵局的貨車一樣綠。第一週，我們家湧入了五十箱鞋子，第二週，變成幾千個包裹送到眼前，我們才知道「事情大條了！」我家客廳瞬間變成「資源回收場」，一雙又一雙的舊鞋、一袋又一袋的鞋盒，層層堆放，交疊如山。原本屬於沙發、電視、桌几等家具的位置，全都被鞋子淹沒得無法辨識、不見蹤影。我傻眼地看著眼前的景象，心想：「天啊！怎麼會這樣！」

沒想到，這只是開始。每天，一輛輛郵務車往我家開，一包包鞋子往我家倒。一天三千個包裹，我們就簽收三千次，整個家都被鞋子塞滿，還得一雙雙整理、挑選、清潔。我們的爸媽、親友、鄰居朋友、隔壁小孩、教會青年……全都來幫忙，每天忙得不可開交。我哥原本從事電腦維修，那段時間，鄰居路過門口，都好奇地問他：「你們現在不做電腦維修，改做資源回收囉？」

很快地，這件事也引起了媒體的注意，網路、電視台、雜誌報刊……都來採訪我們。那年年底，我與可樂的身影登上了《壹週刊》，照片裡，除了我跟可樂，剩下的都是鞋子——因為，我們總共從台灣各地收到了五萬雙鞋。

我爬上客廳裡的「鞋子山」。

最後，我們終於募到了所有的鞋子和運費，剛好裝滿一個四十呎貨櫃。貨櫃一寄出，我就將募鞋這件事拋到九霄雲外，回到原本平靜的生活。

一封Email就是一個故事

兩三個月後的某一天，我收到一封Email。Email裡有張照片，照片裡，肯亞一間育幼院的孩子穿著我們送出的舊鞋。

當貨櫃千里迢迢從台灣港口出發，飄洋過海，一路經過肯亞的沙漠、高原，終於送到他們手上時，他們最驚訝的第一件事是：「台灣在哪裡？為什麼台灣人能送這麼多鞋子過來？」有一次，牧師問孩子：「你知道我們總統的名字嗎？」孩子說：「I don't know.」但如果是問：「你知道這些鞋子從哪裡來嗎？」孩子都會說：「台灣！」

當初我們的客服志工，每天都得回覆數百封信件。這群熱心的人，平日除了上班上課，就是坐在電腦前回信。大家都說：「台灣人的愛心太恐怖了，回完一封信，又會多三封出來！」

孩子在黑板上寫下台灣「TieOne」（Taiwan）。對他們來說，台灣這個名字，比自己國家的總統名字還耳熟。

之後，我不停收到他們寄來的Email，一封Email就是一個故事，每天回家，我都有不同故事可以聽——原來，鞋子真的能決定一個孩子的健康？原來，高中生如果沒鞋穿，不能去學校？原來，高中生的鞋子都是村裡的媽媽們想辦法集資才買得到？原來，鞋子只是當地環環相扣的困境其中一環，還有很多困難需要面對。

一批鞋子，打開了我的眼界，看見更多問題。我漸漸覺得，我不應該只是坐在台灣冷氣房裡，想著可以如何幫助肯亞偏鄉，因此，我決定去當地拜訪一段時間，實際體驗當地的生活，就和岳父、台灣夥伴趙之鈺相約，要前往肯亞，看看貨櫃送到之後的狀況。

CHAPTER 7 第一次到非洲

和照片不一樣的非洲

二〇一四年十一月，我第一次來到肯亞，這也是我第一次拜訪非洲國家。抵達肯亞首都奈洛比的喬莫．肯亞塔國際機場（Jomo Kenyatta International Airport），機場裡穿梭著各式各樣的人，大部分都是西裝筆挺、皮鞋發亮、提著體面公事包的黑人，他們急促地講手機、聯絡公事，或是悠閒地坐在咖啡廳小憩，和我收到的Email照片裡的村民形象完全不同。

由於岳父和之鈺都搭乘比我晚的航班，我得先在旅館住一個晚上，所以，一到機場，旅館人員就先來接我，坐上舒適的座車，一路往市中心駛去。離開了這座東非最繁忙的機場，接著進入我眼底的是奈洛比街景，這座城市被稱為「非洲最國際化的都市」，道路寬敞、街區整齊，到處是商店門市與高樓大廈，路邊停著各式各樣的進口車；物價跟台灣差不多，一杯美式咖啡近百元台幣，一份簡餐也要台幣兩百多元。

慢慢地，街景有些變化。我們的車駛過一些貧民區，映入眼簾的是相對老舊的建築與街道、漫步閒晃的居民，對我來說，所有的景象都是以前很陌生的，當下，我只是睜著眼，看著眼前新奇的一切。

在旅館休息的那天晚上，我和一個在旅館打工的男生聊起來。他看起來很年輕，大概二十來歲，一心想來奈洛比賺錢，而這份工作一個月的薪水，大約台幣兩千元，我心想：「這就是這裡的基層人民的收入嗎？大部分人都過著這樣的生活嗎？」此時，一旁的旅館大廳裡，牆上掛著電視，正在播映一個美國牧師的講道節目，「你要相信，上帝一定會在財務上祝福你！」他穿著高級西裝、慷慨激昂地對台下的聽眾演說：「《聖經》上說，天堂有別墅、黃金街，既然上帝愛世人，那麼為什麼我家不能有別墅呢？」我轉過頭，看見旅館窗外的隔壁街道，破舊的鐵皮屋比鄰而建，幾個孩子在其中遊蕩；機場與市中心的一份簡餐，就等於我眼前這個青年一個星期的薪水，難道這裡的居民，總是在這樣的生活裡，聽著有錢的美國牧師傳講上帝會使人致富的信息？

那晚，我又趕到奈洛比機場，等待剛下飛機的岳父；與我們會合的，還有一個肯亞夥伴道森．牧登約——一位與電視上那名富有牧師截然不同的牧師。

使命必達的戰友

道森是肯亞家庭教會系統的領袖，和岳父是相識已久的夥伴。家庭教會，指的是沒有傳統教堂建築的教會，信徒們在自家、村里或某座山的某棵大樹下聚集，可能多達百餘人，也可能只有五六人。道森在肯亞領導的一兩百間家庭教會，大多分布在市郊與偏鄉。以前，岳父去印度宣教時，在一場會議上認識了道森，後來，岳父轉往肯亞，總是拜訪道森所住的偏鄉城鎮基塔萊，道森就成了他的固定戰友。

我們募集的第一個貨櫃送到肯亞後，其實非常不順利。在台灣，當時都是我自己教會的團契成員在幫忙，大家都沒有經驗；在當地下貨櫃後，沒有鐵鍊、沒有千斤頂，道森也是第一次處理這種事，他到處幫我們借工具，好不容易，才先過了第一關。

當地的其中一間家庭教會，就是附近的幾個家庭一起在大樹下聚會。

我和道森沒見過面，一直都是用視訊溝通。在我還不了解肯亞文化的時候，我曾一度不諒解道森，為什麼貨櫃會卡在海關這麼久、為什麼運個物資會出這麼多問題；然而，他全程幫我們處理當地文件、聯繫相關單位，自己不但在其中花了不少錢，還為了事務方便，搬去港口城市蒙巴薩（Mombasa）住一個月。我才知道，道森是使命必達、值得信賴的人。

為了運送，我們付了幾千美金給卡車公司，但卡車壞掉，對方拿了這筆錢去修理，還是修不好，結果，我們不但沒有卡車，對方還再一次要求付卡車的錢；好在，這場危機也在道森的四處斡旋下安然解決。這也是我第一次體會到，尋找值得信任的當地負責人多麼重要。

某天，道森打視訊給我。那時網路非常糟糕，訊號斷斷續續，在吵雜不清的雜訊中，我看見道森興奮的臉，然後鏡頭一轉，只見他家的後院塞滿了大大小小的鞋子——第一個貨櫃終於抵達了基塔萊！他請附近的鄰居與年輕人一個個卸下貨車的包裹，搬進他家的後院，之後，再一批批分送給偏鄉村莊、山上有需要的社區和學校。不久，我就開始收到道森寫來的Email，認真的他，總會一個個寫下收鞋的人名、家住在哪、家裡的狀況如何，每次看到他捎來的故事與照片，我都很感動。

我的岳父與道森。

知道貨櫃終於抵達、看見道森後院塞滿鞋子的那一天，可以排進我生命中前十名高興的一天。

機場會合那天，是我與道森第一次見面。他和我岳父身材都很高大，見到我時，他最驚訝的是，我看起來竟然是個「小夥子」——畢竟，以往我們都只透過視訊聯絡，也難怪當初岳父「面試」女婿時，要我站起來與可樂背對背比身高了！

連商業力量都懶得觸及的角落

這趟肯亞初體驗，我待了十天，拜訪了基塔萊的加拿大有機農業機構「有機為孤兒」（Organic 4 Orphan）、哈瑞給（Khalwange）村莊、埃爾貢山（Elgon）與幾間孤兒院。在這裡，有著偏鄉地區都會遇到的問題，教育、醫療、工作機會等各種資源的缺乏，加上普遍性貧窮，許多家庭都在生存邊緣掙扎；而交通不便，道路顛簸，加上天大地大，每次移動，動輒都是三、四小時的車程，一般的商業行為距離居民生活很遙遠，也使得在地的扶貧工作、物資輸送進度總是緩慢。

其中從平地到海拔三、四千公尺的埃爾貢山上，要開三小時的車，在蜿蜒的泥巴路上前進。我們往山區送的鞋子，大多送來這裡的兩間學校，一間是公立學校，另一間則是岳父蓋的學校。雨季時，在山上放眼望去，一片的綠意與遠方層層疊疊的山巒，感覺像將整個國境盡收眼底，甚至還可以看到烏干達邊境；說這裡是與世隔絕的桃花源，一點也不為過。山上的村落生活自成一格，居民都住在稻草屋頂、泥土塊搭建的圓形房屋裡，屋旁就是田地，種些賴以維生的蔬果，山坡間也有雜貨店、水井，甚至電影院——在一間小小的泥房裡，牆上貼著幾張復古的電影明星海報，幾排桌子、一台小電視，就是觀影的奢華享受；在這隱世一方的山村，是少數能見的外來影響。

而無論在哪裡，都可以看見赤腳的孩子，腳上有被沙蚤侵蝕的痕跡。這些孩子大多出身貧窮，衛生環境不好，家裡又沒有鞋子，無法預防沙蚤的侵入；當腳上沙蚤留下的傷口直接碰到地上的泥土、垃圾、病菌，就容易導致併發症，輕微則雙腳潰爛，嚴重則會致死。通常我們送鞋時，會與當地的學校與沙蚤組織合作，請護士與社工來清沙蚤，並對師生與村莊宣導衛生教育，保持環境清潔。

埃爾貢山的美景，以及山上的兩間學校，一間是公立學校，一間是我們協助當地建設的私立學校。

埃爾貢山上的電影院！

肯亞孩子發揮創意，用瓶蓋製作的棋盤。

將運送鞋子的貨櫃改建成教室

一雙鞋子的背後，其實藏著一環扣一環的貧窮、教育、就業、公共衛生問題。慢慢地，我們開始考慮除了送鞋以外，是不是還能多做些什麼。

當時很多人問我：「在肯亞偏鄉感覺怎麼樣？有沒有看到什麼特別的？」雖然我看到的東西都跟我預想的差不多，就像我們在電視媒體上看到的那樣，但是，這趟旅途還是影響了我的生命。

我們都看過車禍影片，但如果某一天兩台車在你面前相撞、一個小女孩從車窗飛出來，掉在你的腳邊，你的感受一定是截然不同。如果我從未走進搖搖欲墜的陰暗土房，或是遇見每天只能靠一美元收入撫養五個孩子的寡婦，關於這裡的照片，很可能又只是另一張臉上有蒼蠅的非洲小孩。

我們家本來就是開鞋廠的，當初我們曾想過，難道不能在肯亞開鞋廠、雇用當地員工，再將部分鞋子送到偏鄉嗎？但是，鞋廠需要的資本太高，而外資願不願意進來，又得看當地水電設施、員工資質、基礎建設是否完善，這超出了我們能控制的範圍。

一個貨櫃能裝五萬雙鞋子，需要台幣六十萬的費用。二〇一五年，我們總共運了十五個貨櫃、七十五萬雙鞋，這些鞋子並不是全部送到肯亞偏鄉，還會藉由家庭教會系統分到烏干達、奈及利亞、剛果、史瓦濟蘭、南蘇丹等其他國家。

有人曾問，那為什麼不考慮用這筆錢直接在當地買鞋呢？我們的確有使用一部分經費在當地買新鞋，但計算下來，一個貨櫃台幣六十萬，能裝五萬雙鞋，平均一雙鞋台幣十二元，在當地連二手鞋都買不到這麼便宜的價格，而且，貨櫃還能就地變成教室。

我們拜訪的學校校舍常是年久失修、不利教學，或是需要擴建。這裡的學校大多是以傳統方法土法煉鋼建成，通常是將樹枝和土灌在一起。有一次和當地老師討論學校問題時，老師說：「我最擔心的不是教育品質，而是這學校如果垮下來，會壓死我們的孩子。」那陣子，之鈺在網路上看到一些資訊，說貨櫃在某些國家會大量作為建築用途，而這裡很多商店、住家的建材，都比貨櫃還糟糕，我們靈機一動，或許運鞋的貨櫃可以就地利用，改造成教室。由於買貨櫃與租貨櫃到非洲的價格差不多，因此我們通常都直接買貨櫃來運鞋，這些貨櫃進到村莊，如果又要運出來，也是一件大工程，在密集討論與實地考察後，我們就開始建立貨櫃教室。

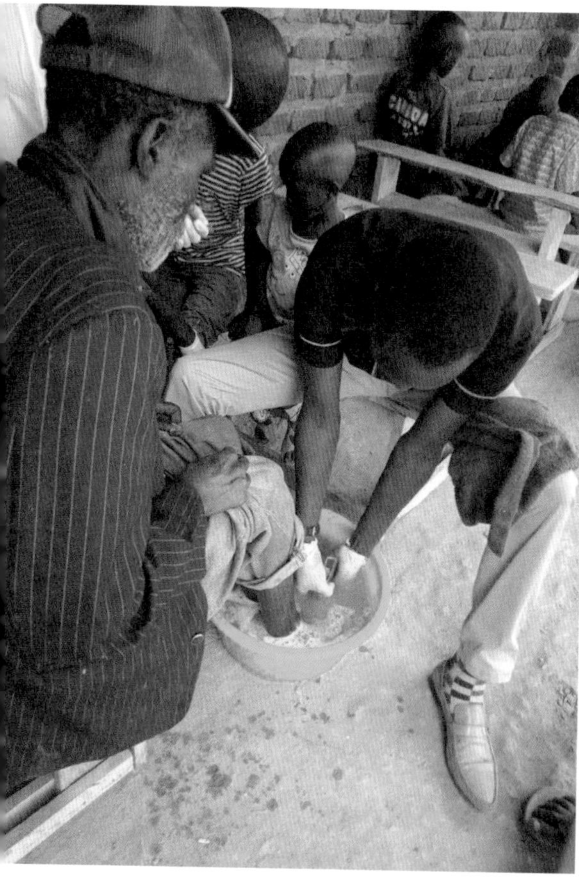

正在幫村民清沙蚤、發鞋子的道森。

沒有鞋穿的孩子，常常感染上沙蚤。

權衡如何善用鞋子這個資源

為了不讓受助者養成依賴別人的習慣，我們都不將資源隨便交到別人手上，而是透過當地草根的家庭教會，或是已經一直努力在嘗試改善自己環境的關鍵人物，提供他們資源上的協助。例如，在烏干達的埃爾貢山區，有一位牧師意識到教育的重要性，於是從十年前開始，他就自己以泥土蓋了一間學校，並照顧了幾百名學生，但因為經濟和資源有限，他能夠為孩子做的也就相對有限。當岳父詳細了解他的狀況後，立刻就為他們籌畫了擴校的計畫；如果在物資缺乏的情況下，這位牧師就能替當地居民做這麼多事，那麼當他多了一些資源，又能成為多少人的祝福呢？

二手衣鞋的貿易，是支撐東非國家經濟的一股力量，但我們拜訪的地區，很多是連商業力量都懶得前往的地方；這些人活在赤貧邊緣，連資本主義都將他們排除在外。大部分居民由於緊急的健康因素，使用這些鞋子的方式，當然第一優先就是穿上它，但有時候，我們會依照個案的狀態去使用這些資源。

例如，曾經受「三立電視台」採訪的一位女性珍（Jane），是我們可靠的當地夥伴。珍的丈夫是一位牧師，兩人除了照顧教會和一些家庭，還收養了一群孤兒，

配合鞋子發放落地的貨櫃教室。

物資發送以前，我們僱用了部分當地沒有工作的人來整理運送，希望舊鞋救命企畫，不只能奉獻衣服鞋子給極度缺乏的人們，更能夠提供工作機會給當地生活困苦的居民！

後來先生過世，珍就扛下了所有家計與孤兒院的需要。當時，我們和她深入聊過後，知道她以前也曾做過小生意，只是後來忙著教會與孤兒的事務而中斷，評估後，我們決定給她六袋鞋子，讓她重新開始小生意。慢慢地，她從賣鞋，轉而賣起床單、摩托車零件，現在她經濟已經可以自主，孩子有一個上了大學，一些正在讀高中，學費都能付清，可以照顧身邊更多的人。

因此，我們的鞋子送到偏鄉，到了當地，的確可能進入二手貿易的體系。但這些資源進入了最底層，讓這些家庭可以擁有一些資本，進而翻身、達到經濟自主。

很多人都會問我，這條路上遇過最大的困難是什麼？我的答案是，投入非洲偏鄉扶貧這一塊，我看不到答案；當我越做越深、越來越投入，我就知道太多東西都是跟政治綁在一起。一個國家的基礎建設、政府效率、教育水平，主宰著人民的命運，到最後，我們能做的真的非常有限。但是，如果我能幫上一個村莊，我就要繼續做下去；如果我能翻轉幾個人的命運，那些靈魂都是重要的。

所有民間援助，最終都無法避免國際政治與經濟的問題，有些問題超出了我們的能力所及，只能期待當地政府盡早負起應負的責任。我們能做的，是想辦法將外來援助轉為當地自立的能量，直到當地人不再需要我們。

CHAPTER 8

全家去肯亞吧！

「舊鞋救命」正式系統運作

回台後，「舊鞋救命」舉辦了兩次大型募集活動，分別在台北的華僑高中與台南的新興國中，這兩次活動算是「舊鞋救命」正式開始有系統、有流程的募集，不像以前我們萬事靠自己，忙得人仰馬翻。同時，「舊鞋救命」申請了協會，一名紀錄片導演周文欽也表示想拍攝「舊鞋救命」的紀錄片，之鈺則希望我把教英文的工作辭掉，全心投入。

之鈺以前是商界的人，一直對社會企業很有興趣，一開始，他只是參與我們的募鞋活動，後來約我和可樂見面，近一步詢問「舊鞋救命」變成長期工作的可能。拜訪基塔萊一帶時，我們探訪幾個貧窮的家庭，我沒什麼情緒波動，反而之鈺私下忍不住掉了幾次淚。他講話很溫柔，但很有目標與方向；在肯亞那幾天，他一邊走行程，一邊已在心裡計畫，台灣可以協助什麼，有哪些人才、哪些學校可以合作。

我和可樂討論之後，可樂認為，也許這真的是上帝給我們的機會，而且，我們全家應該一起到肯亞住一陣子。可樂的原則是：「這不是『你的事』、『我的事』、『楊右任』的責任、我身為『媽媽』的責任。無論什麼事情，我們全家都要一起參與。」

二〇一五年三月，我們決定帶著當時才六個月大的恩亞搬去肯亞兩個月。

真正的男人！

從奈洛比到基塔萊，最快的方法是國內轉乘十多人座的螺旋槳小飛機。從奈洛比出發，經過一小時飛行，就會抵達瓦辛基蘇郡（Uasin Gishu）埃爾多雷特市（Eldoret）的埃爾多雷特機場；出了機場，再開兩小時的車，才能抵達基塔萊。如果你晚上才抵達埃爾多雷特機場，大概會有一小時的車程，一路上都沒有路燈。

出關時，不能太張揚，也不能對軍警拍照，否則很可能被攔下來刁難一番。我們一家有黃種人、白種人，還有個小小混血兒，一路都備受路人的目光關注，畢竟，在這個偏鄉小機場，到訪的旅客已經很少了，外國訪客的身影更是稀有。

當我們在街上走著走著，常常會有路人盯著看，互相竊竊私語一番再笑出來，原以為是因為外國人的身分，後來才知道，在肯亞這個多少還是男尊女卑的國度裡，我和太太輪流背著恩亞的行為對他們而言非常罕見。在這裡，男人總是自己走在前頭，太太在後面背著孩子、拎著大包小包；而越是偏遠的地方，一夫多妻的狀況越是普遍，某些人甚至清楚自己有幾頭牛羊，但不曉得跟幾個女人生過幾個孩子！所以，每當他們在旁邊笑著看我們一家人的時候，可樂都會停下腳步，微笑的跟他們說：「這才是真正的男人！」

不過，我們受矚目的程度，遠比不上恩亞。無論去哪裡，恩亞都成了被圍觀的猴子。因為大家很少看到「白人」小孩，一看到她就想摸她、抱她。恩亞的同行是這趟旅途中最受台灣親友爭議的一件事：「那邊衛生環境這麼差，她生病怎麼辦？」「你不怕她有危險嗎？」我們了解親友的擔心，但仔細想想，可樂小時候不也是一樣，被岳父到處帶去條件較差的國家嗎？她所擁有的愛心和世界觀，不也是因此培養出來的嗎？我們夫妻或許無法賦予女兒最好的生活品質，但希望她能夠看見，爸媽擁有的最大財富不是金錢，而是上帝和人們的愛。

這兩個月，我們接受道森一家款待，可樂很快就和道森的太太伊莉莎白變成好朋友。她是個家庭主婦，以前曾經嘗試做幾次生意，但發現自己實在不是經商的料，就在家照顧三個小孩，其他時間都到監獄、學校、村莊，關心當地的女孩。

我和太太輪流背著恩亞的行為，在當地非常罕見。

在回收堆裡長大的恩亞。

常常被當地孩子搶著照顧的恩亞。

買不起衛生棉的女孩

一次聊天時，伊莉莎白告訴可樂，基塔萊很多女孩會因為買不起衛生棉，使用一些牛皮、塑膠布、芭蕉葉、髒污的布料來襯墊，不但容易感染細菌、引發衛生問題，也會因此受傷。有些女學生因為擔心散發異味、經血外漏，會在月事期間曠課，造成課業落後、輟學，只好早早出嫁，再次進入貧窮的循環。還有些不安好心的男人會到貧民窟，以衛生棉為交換，和女孩發生性關係，甚至因此傳染愛滋。伊莉莎白說，學校會教性教育，但是有些鄉下的女孩無法繼續受教育，觀念並不完整。而上一代女性，很多人處理月事的方法就是坐在地上等它流乾——反正整天閒來無事，有大把時間可用——就這樣將這些錯誤方法教給下一代。

可樂將這件事告訴岳母，岳母就在加拿大找了一間專門做布衛生棉的組織「女孩的日子」（Days for girls）和可樂聯繫。可樂發現這個組織的布衛生棉版型是長方形，內底有一塊布墊可以替換，但是，裡面的防水布料大多是在加拿大、台灣才買得到的材質，她就開始到處去逛市集、挑材料，修改成當地婦女可以自己製作的版本。

可樂到當地市場研究不同材料，找出適合的布料，並和三位最積極的種子老師開始布衛生棉工作坊；後來也有當地電視台報導我們教導製作布衛生棉的工作。

確定布衛生棉的製法後，我們開始到不同村莊開課，教當地婦女自製衛生棉。教了幾堂課，可樂發現有幾位婦女學會之後，還跑去教更多人，她非常開心，這代表她們真的不需要我們，就可以用當地材料教自己人。

我們選了其中三名最積極的婦女成為種子老師，克莉絲汀、海倫與謬達，都來自不同村莊。教她們怎麼進行布衛生棉課程並回報成果，也支付她們月薪。

克莉絲汀是哈瑞給村裡一位私立學校校長的太太，她家是一間小泥房，就建在學校旁邊，平時協助管理校務。以前，克莉絲汀會自己買消耗式衛生棉給女學生用，使她的財務相當吃緊，也無法徹底解決女孩的問題。

海倫則有一個紡織工作坊，她平時會幫學校做制服，也會自己設計一些服飾、內衣褲，拿去市場賣，也會自己開課教縫紉。多了布衛生棉的工作之後，她會與各間學校配合，到校內教學生製作布衛生棉，過程中，她有時會發現一些家境不好、可能無法繼續就學的女孩，就將她們接到自己的工作坊裡，提供她們食宿，不但上學距離更近，也教她們縫紉衣物，拿去市場上賣，供應自己的學費與家用。

協助建水井與養雞農耕計畫

除了布衛生棉計畫，我們也開始在有需求的地方建水井，並協助一些家庭在自家院子養雞、實行養雞農耕，改善他們的健康與收入。

克莉絲汀在學校開了布衛生棉課程之後，就將省下來的錢都拿來養雞，收入可以同時補貼家裡與學校支出。

不缺優秀的人，只是缺乏資源

探訪哈瑞給的學校時，我們聽說在村裡的一個小角落，有另一間更小更破舊的學校；所有學校都會收錢，但那邊的學生更開心、成績更好。於是，我們馬上決定進到村落更深處拜訪。我們走進比人高的玉米田，彎過好幾間藏在林間的民房，在沒有路的泥土上尋找「路」的痕跡——一路上，有些從未接觸過外界的小孩，一看到我們出現，以為不知道是哪裡跑出來的「白色怪物」，嚇得大哭——最後，終於

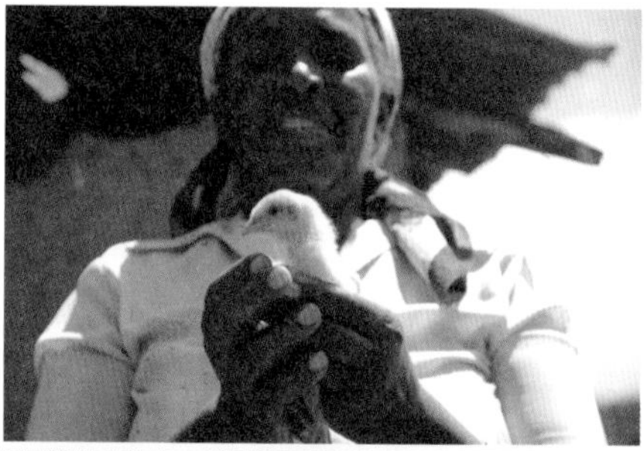

養雞農耕計畫的開始，是我岳父先借了一些家庭雞隻，結果這些家庭成功養出幾百隻雞，不但能還給岳父，從此也有了自己的資產。這項計畫大部分是在居民自家的小庭院進行，讓一家人多一些營養來源，多餘的可以拿去市場賣。

每次分享會我都會拿出這些照片，問台下「你們知道這是什麼嗎？」學生們總是直覺反應的回答「垃圾袋！」在資源豐沛的台灣，我們很難想像這些塑膠袋就是非洲孩子的書包。

哈瑞給村莊裡的景色。

找到一塊用籬笆隔起來的空地，空地邊有一排用泥土堆砌的長屋，就是那間傳說中的「學校」。

長屋牆上，大的長方形洞就是門，小的正方形洞就是窗戶，小小的教室內沒有桌椅，正前方掛著破舊不堪的黑板，只能坐進三四十人的空間，卻塞了五六十個小孩。這間學校的校長名叫艾倫（Allen Obando），是一名年輕人，他的家就在長屋前的院子裡，也是一間小小的正方形民房。他雖然年輕，但很會管理，也很有想法，不但自己去請老師、訓練老師，重視老師的品質，還會每半年檢視大家教學的成效如何。

當時，我們都知道在基塔萊面對的問題，不是解決某一方面就能大功告成，而是得一環扣一環，全面去設想。這兩個月，我們開始與政府對談、討論，尋找合作的機會，最高曾接洽到州政府，但對方都表示，能給的實際支持不多。

而我們與哈瑞給認識已久、互動密切，走進村裡，大家都認識我們，甚至能叫出我的名字。對於「翻轉偏鄉」的目標，我們想嘗試的是讓所有工程都進到同一地區，同時實施清沙蚤、送鞋、布衛生棉、貨櫃教室、養雞農耕計畫，看看是否真能改善整個村莊。那陣子，岳父正在哈瑞給村裡看一塊地，距離村莊中心不遠，價錢合理，因此，我們決定將艾倫的學校搬到那塊地。所以，現在艾倫的學校裡有貨櫃教室，學校附近則有水井、實行養雞農耕的家庭，還有布衛生棉工作坊。

合作一陣子下來，幾個契機讓我感到艾倫值得信任。因為，哈瑞給村莊的大部分專案都以他的學校為中心，但他從未動過手腳，而他私下在當地教會與社群非常活躍，也樂於承擔很多責任。直到現在，艾倫都是我們忠心的好夥伴。

搶劫、遭小偷，朋友變犯人?!

我們在肯亞有一個名為「有機為孤兒」的夥伴組織，平時，「有機為孤兒」會開放客房，接待外地的肯亞旅客或外國人。有一陣子，我們在那裡接待第一個台灣來的志工團隊，某天晚上，我們在院子烤肉，一個當地朋友的先生突然跑過來，不安地說：「有一個人躺在外面，不知道是不是被搶劫……」大家面面相覷，也都不敢出去看。我和道森走出大門，發現一個計程車司機倒在地上、口吐白沫，看起來的確像是被攻擊，我們馬上將他抬到車上，送往公立醫院。

艾倫和他的舊學校。

醫院處理的速度很慢，隔天早上才有醫護人員來看這個司機的狀況。道森在司機身上找到了證件，聯繫他的家人，家人馬上趕來醫院向我們致謝。事後想起來，其實滿驚險的，因為如果是當地人遇到這種狀況，通常會擔心對方反咬你一口，說救人的人是兇手。當時醫護人員的態度實在讓人傻眼，不知道司機後來是不是凶多吉少，直到一兩年後，無意間聊到這件事，道森才告訴我，這個司機沒事，現在還活得好好的。

還有一次，紀錄片導演周文欽與他的攝影團隊過來，也住在「有機為孤兒」，當天，還有另一對當地情侶入住。隔天下午，我們出門在附近走走，回到機構大門時，這對情侶正要外出。他們從我們面前走過，彼此說了聲「嗨！」結果，當攝影團隊進房時，發現房門被撬開，團隊的錢和蘋果電腦被偷了！我們馬上追出去，卻早已不見他們人影；朋友立即報警，沒想到，警察一來，不但沒去追這對情侶，還抓了機構的園丁與客房負責人，說他們內神通外鬼，故意放人進來偷東西。

這個園丁和客房負責人都是我們認識很久的朋友，聽到警察這樣說，大家都傻眼。我們跟著警察回到警察局，目標卻變成得想辦法把這兩位朋友救出來。當時「舊鞋救命」曾接觸過一些地方上的政治人物，只好向他們求救，請他們處理，只

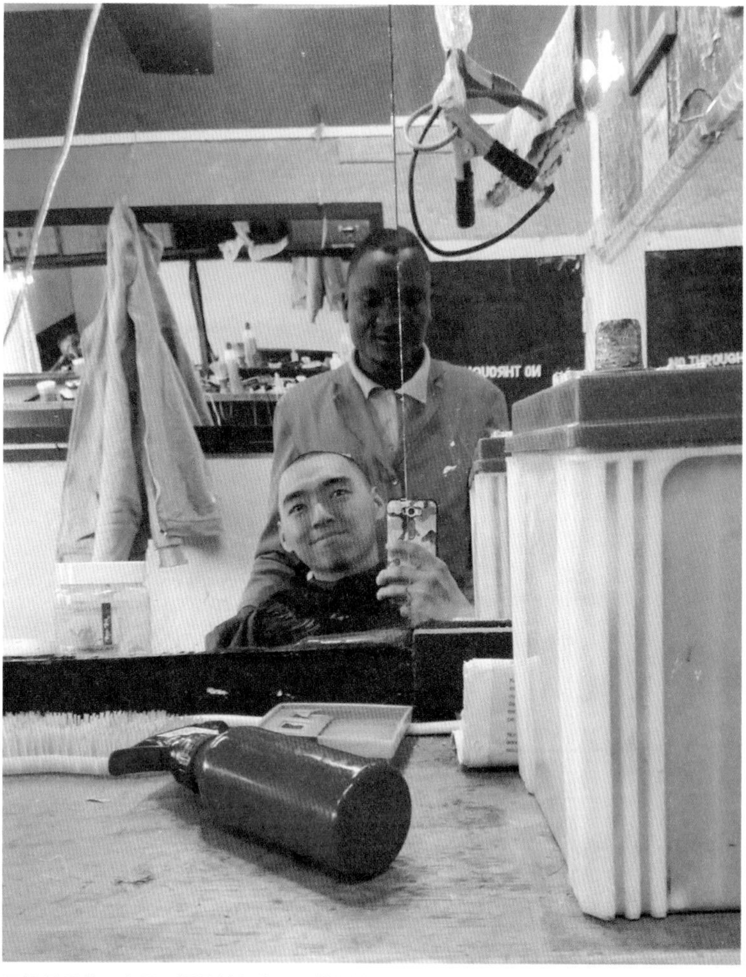

不管是香蕉、衣服，還是計程車，不懂行情的外國人在肯亞一定會被收雙倍價錢。有一次，嘗試一間新理髮廳，一進去理髮師馬上說：「你這種直髮比較難剪，要好幾百先令！」我馬上傻眼：「兄弟，我不是第一天來肯亞，而且，光頭還有分直髮和捲髮的嗎？！」

見大人物來到警察局，關起房門「喬」事情，直到三更半夜，終於將這兩位朋友放出來。

「呼吸到自由的空氣，兩位朋友就說：「好險有你們救我們出來，因為這裡的冤獄太多了！」他們說，在肯亞，只要警察認為你犯罪，即使還沒定罪，光是等待審問，就可能得等個一兩年，如果不是我們幫忙，他們可能真的得在警察局待上個幾年。

光是這兩個月，就發生了不少令人難忘的事。回台後沒多久，我和可樂都覺得兩個月實在太短了，太多假設跟論述都是我們預想的，沒有實際的證明。我們應該再去更了解當地的文化與風俗民情，希望能更清楚第一線會發生什麼事、應該怎麼處理，於是，我們決定再到肯亞待半年。

然而，出發前一週，可樂發現自己又懷孕了。

CHAPTER 9

媽媽無敵

我們的人生就是這麼失控！

雖然懷孕了，可樂的態度還是跟之前帶恩亞去肯亞一樣——她不覺得六個月的小孩不能去肯亞，孕婦當然也是囉！

為了避免家人擔心，我們決定先保守這個秘密，抵達肯亞後，才找了一間有超音波的私立醫院產檢。一產檢，才發現可樂肚子裡懷了一對雙胞胎。

可樂的家族具有雙胞胎基因，他們家已經連續五代都出了雙胞胎，包括她自己也有一個雙胞胎妹妹。家族裡的年輕人總是提心吊膽，很怕自己也生到雙胞胎，但可樂總是老神在在，她說：「雙胞胎生雙胞胎很罕見！」沒想到……

「我們的人生就是這麼失控！」產檢完那天，我忍不住和可樂相視而笑。

於是，二〇一五年八月，我們全家回到基塔萊，還多了兩個小生命。

我們開的是普通的自用小客車，總是駛在坑坑疤疤的泥土路上，搖搖晃晃、震來震去的。為了工作，可樂依舊每天跑來跑去，恩亞又喜歡坐在她身上擠來擠去，這看在大部分台灣媽媽眼裡，應該都快嚇死了。

在台灣，女人一旦懷孕，好像就什麼都不能做，不過，當我們拜訪肯亞與烏

我們的雙胞胎，一個長得像華人，一個長得像洋人。

西波克特的孕婦媽媽，什麼都沒在怕！

干達邊境的西波克特（West Pokot）沙漠時，一個媽媽在我們眼前，挺著大肚子，拎著兩個小孩，咻地跳過一條河，轉過身，看著目瞪口呆的我們：「來！幫你們帶路！」

這裡的半數小孩活不過兩歲

西波克特大部分的居民都是波克特人，說波克特語，屬於肯亞的少數民族，過著傳統的部落生活，住在稻草屋頂、牛糞蓋起的小圓屋裡，沒水沒電，以農作、採集、飼養牲畜為生，幾乎與世隔絕。成人通常裸上身、穿著傳統服飾，小孩更常全身一絲不掛，蹦跳著出現在你眼前。車子駛進西波克特，只有一條黃沙大路可以前進；即使在雨季，眼前也是一片黃棕色，偶爾有幾叢翠綠草叢點綴，不時可以在路邊看見居民飼養的駱駝。

波克特人是出了名的原始剽悍，和鄰居圖爾卡納族（Turkana）常有衝突，而這裡的媽媽，洗衣、煮飯、帶一堆小孩，還能徒步幾小時取水，做各式的粗活，一點也不輸男人；她們最脆弱的一面，是看見自己的小孩死去——在西波克特沙漠的村莊，只有一半的小孩能活過兩歲。別以為幼兒死亡率這麼高，媽媽就多少會習慣；每當有孩子逝世，沒有一個媽媽不哭得撕心裂肺的。

為什麼幼兒死亡率這麼高？酋長說，原因是水源不潔。在這片沙漠，電力只牽到學校，水源更是缺乏；西波克特每年的雨季很短暫，在這段期間，長期受泥沙覆蓋的河床才有機會出現河水。即使徒步幾小時，居民也不一定能取得乾淨的水源。當時，「舊鞋救命」並沒有水源相關的計畫，不過，因為看見這些地區的需要，那陣子又剛好聽說台灣有提供非洲水資源議題的補助方案，我們就想申請這份補助，在西波克特蓋下「舊鞋救命」的第一口水井。

水井當然不能隨便蓋。我們之所以能順利進到西波克特沙漠、拜訪酋長與各戶人家、確認水井的地點與需要，都是因為有一位已經住在西波克特二十多年的朋友——瑞克·史翠克蘭（Rickey Strickland），一名在當地無人不知、無人不曉的美國宣教士。

西波克特族過著傳統的部落生活，住在與世隔絕的沙漠裡。

沙漠裡的異鄉人

第一次見到瑞克，對他的印象就是粗獷外型、滿臉白鬍子，一身卡其色裝扮，從褲子膝蓋處的磨痕與土色，大概就知道他過著什麼樣的生活。

瑞克原本是高中數學老師，常常跟著教會去世界各地短期服務，後來受到上帝呼召，和太太瑪麗（Mary Strickland）來到肯亞長駐，住在基塔萊附近。有一次，他讀到一本關於肯亞境內各民族的書籍，看到波克特族的介紹，描述這個民族的原始與剽悍，心裡想：「上帝啊，千萬別派我到這個地方！」沒想到，一次偶然拜訪西波克特，他總覺得上帝要他留下來，太太聽了也同意，當天兩人就在沙漠裡住了一夜。

很快地，瑞克和太太在沙漠旁的山上蓋了一間土屋，帶著兒子一起住在裡面。土屋附近有懸崖，白天有蚊蟲，晚上有毒蛇，瑞克的胸膛曾經被夜出的毒蛇咬了一口，大難不死。這座山沒有路，車子上山，得自己找「空地」闖，大約要開半小時，才能看見瑞克的土屋。

後來，瑞克的家人回到美國，他則留下來，在這裡開設深山學校，來往山上與

瑞克曾在路上遇見獅子，兩方相安無事。

瑞克以前在山上的土屋。從山上望下去，
可以看見肯亞與烏干達邊境。

瑞克現在家門前的庭院與籃球場。

沙漠間的部落傳福音。常常，他與酋長騎著重機在沙漠大路上奔馳，曾在路上遇見獅子，拍照上傳臉書，嚇壞親友，也曾經遇到波克特族與圖爾卡納族衝突。他說：「真的很奇怪，在這種世外曠野、什麼都沒有的部落，平民卻還是有辦法拿到槍枝。」這兩個部族長年紛爭，肯亞政府還曾為此頒布避免衝突的法令，而瑞克在當地成立的教會，倒是促進了兩族的信徒有機會在同一個場合裡互相認識、和解。

敵人變友人

有一次，瑞克的朋友送了他一頂白色帳篷，當晚，他就在某棵大樹下搭起這座帳篷。隔天一早，他在帳篷裡醒來，一如往常地翻開自己的紅皮《聖經》，開始晨間閱讀，結束後，他走出帳篷，剛好被路過的酋長看到，突然，酋長神色一變，震驚地指著他大叫：「原來就是你！原來就是你！」

那時，瑞克才知道，很久以前，當地曾有一個巫師預言，未來會有一個滿臉白鬍子的人，從一棵樹下的白色圓頂走出來，手上拿著紅色的武器，如果這個人出現，大家必須殺掉他，因為他會改變這個村莊。後來，部落輪流派人在這棵樹附近守了幾年，一直沒看到這幅景象，就放棄了。

當下，滿臉白鬍子、手上拿著紅皮《聖經》、正從樹下的白帳篷走出來的瑞克聽了，不禁哈哈大笑。後來，酋長派了一些人來保護他，自己也覺得很好笑：「怎麼這麼奇怪！這些人原本應該是被派來殺你的，結果現在是在保護你。」好在，部落裡的居民現在幾乎都認識他，酋長也早已是結識多年的好友，不然，瑞克可能真的早就一命嗚呼了。

土屋住久了不堪使用，牆壁倒了一大半，瑞克搬回沙漠，蓋了一座三坪水泥小圓屋，屋裡浴室、廚房、竹床、竹椅都緊緊相連，擺設整齊簡單，卻五臟俱全，頗有另一番格調。他的生活就像這座小屋，非常簡樸，一天吃兩餐，通常是沙拉配駱駝奶；由於倚靠太陽能發電，用電非常節省，沒有3C娛樂，即使是晚上讀《聖經》，也只點油燈或手電筒。瑞克在屋外用籬笆圍出了一片地，養了兩隻大狼犬，開闢菜園與簡單的籃球場，菜園旁有一棵大樹，樹下掛了張吊椅，有時候家人來看他，就在菜園旁搭帳篷入睡。如果不是舉目皆沙漠，外人應該會以為他是某座隱世農場的主人。

透過瑞克的協助，我們在西波克特選了一個適合的地點蓋水井，沒多久，水井周圍就出現了轉變，附近的家庭不但可以就近取得乾淨水源，還進而延伸出各樣的資源生態，例如，負責管理我們其中一口井的牧師在附近養雞與羊，飼養牲畜的營收可以回到水井維護身上。現在，這名夥伴還有進一步的計畫，想裝水塔與太陽能系統，可以固定打水，讓出水量更穩定，他說：「因為太多人來取水，幫浦太容易壞了！」這應該是我第一次聽到東西壞掉還會這麼高興吧！

這次經驗也讓我們更確信，將專案和計畫建立在當地既有的人物與組織身上，是務實且善用資源的作法。這些早已長駐當地的人，了解當地民情與局勢，隨時都能進入狀況，也能負責維持、後續追蹤，立即更新進度。

有次回訪，剛好有三個女孩在打水，團隊好奇詢問她們家離這口井多遠，她們指著灌木叢深處說：「很近，很快就到了。」我們知道，通常當地人口中的「很近」比我們想像得遠很多，但瑞克說，原本附近住了五百多人，現在大概增長到一千多人了。因水井設立，大家紛紛遷到附近居住，不用再擔心季節性河流的乾涸。

（左上）雨季才會出現的河流，婦女忙著取水、小孩忙著玩耍，各式各樣的動物也會一湧而入。在台灣教會施洗時，我們都需要先確認水溫是否恰當，但在這裡，如果有人要受洗，要確認的是旁邊有沒有鱷魚一起洗！（其他）瑞克與當地部落的居民。

井水還帶來一個意外的影響，是我完全沒想過的。原來，在挖水井之前，村落孩子被蜜蜂螫眼球的情況很常見，因為所有生物都渴望在乾旱汲取一點水分，而人體外露而濕潤的眼球，就成了蜜蜂的下手目標，所以，常常有不懂閃躲的小孩被蜜蜂螫傷眼睛。有了水井之後，這樣的情況大幅下降。

於是，媽媽們洗衣、煮飯、取水更方便，能讓孩子享用乾淨的水源，也減少了擔心蜜蜂螫孩子雙眼的恐懼。

曾經有一個台灣女孩連怡涵，還在念大學時，就來我們團隊實習，在基塔萊待了三個月，擔任哈瑞給的村長助理。當她走進西波克特的沙漠與荒野，除了荒蕪，還看見了當地遺世獨立的寧靜生活，心中產生不同的想法。「像我們這樣的外人，在理解當地人生活難處的同時，多少也會疑惑他們是否真的需要幫助、為何需要改變他們原有的生活。」她說：「好幾次，我都聽過志工和未曾來過偏鄉的人問起這個問題，我也經常反覆問自己：我們的付出，會不會只是一種自以為是？」

當她越來越了解身處的區域，她找到了自己的答案：「我們極力避免強加自

當地取水不易。

我們挖建的水井，越來越多家庭搬到附近居住。

己的文化價值在他人身上，卻也不能撇下每一雙鼓起勇氣伸出來的手。肯亞不停加速開發的腳步，即使在西波克特這樣的荒野，或多或少都能看見不同外來勢力的影響，人民的觀念與生活型態已經緩慢被動地在改變。即使我們不來，中國建設、跨國集團、現代資本主義也不會因此不來，而我們能做的，就是協助他們在這樣的過程裡不會處於弱勢。」

她說，這裡的人也許看起來還算過得去，卻不代表他們擁有完善的基本生活需求。如果在仔細觀察和了解前，就先認定他們知足快樂，不需要任何改善，那反過來，會不會變成另一種自大呢？

不只是西波克特這樣的沙漠，其實在基塔萊這樣的小鎮上，也有很多外人看來「無敵」的媽媽；不過，她們的「無敵」，是環境逼出來的——因為，不提水，就沒水喝；不搬重物，就沒東西煮飯；不帶著孩子，就沒人能照顧。

我在「有機為孤兒」機構認識的一位管家蘿絲，就告訴我，她除了第一胎是接生婆接生，其他五六個孩子都是自己坐在床邊、抓著床的兩頭生出來的。在基塔萊，很多胎兒因營養不良或出生過程的一點小差錯，就產生健康問題，甚至變成身心障礙兒。

而可樂，每天挺著大肚子跑來跑去，讓恩亞在身上扭來扭去、抱來抱去；沒車開的時候，她會毫不猶豫地跳上路邊一字排開的重型機車，乘著這肯亞「計程車」，一路在泥巴路上顛簸地邁向目的地。

回到家裡，看著眼前這個無敵的媽媽，我希望，不管是哪個國家的媽媽，有一天，都是因自己的選擇變得「無敵」，而不是迫不得已、受環境所逼。

CHAPTER 10

從幾個大學女生開始的「怪事」

「愛女孩」計畫

可樂在這裡的時間，大多都忙著與當地婦女交流、推廣布衛生棉，隨著計畫的成熟，我們也正式將計畫命名為「愛女孩」（Love Binti），「Binti」是斯瓦希里語「女孩」的意思。同時，我們在台灣的團隊裡有一群中原大學的志工，其中三位應用外語系的女生楊怡庭、曾敏婷、張安妤，對布衛生棉的計畫特別投入。

當時，怡庭想申請學校的服務學習海外志工團，而學校因為知道了她們對這個計畫的提案與想法，同意開發新路線，第一次前進肯亞；這趟行程，也是怡庭第一次去非洲。

怡庭滿腔熱血，準備到肯亞教縫紉。她研究當地的一些情況後，在臉書上募到幾把剪刀和簡單的工具，就背著筆電，打算到現場放投影片示範縫紉。然而，抵達教室現場後，她發現教室就是一棵樹下的幾張椅子，根本無法接筆電，而且許多婦女都不會用剪刀。那時候，她才知道許多在非洲國家工作的前輩為何總是愛說「到了就知道」，因為常常會有無法預測的情況發生。

人貨共乘的公車。

怡庭與肯亞的三人座計程車（在東南亞也有類似的交通工具，稱作「Tuk Tuk」），通常坐滿三人才會開車，這一天，車上的乘客有怡庭、一位媽媽，和一隻雞！

月事，不是「好朋友」

九月，她們三個女孩一起拜訪肯亞偏鄉女孩的實際生活，雖然出發前就已做過功課，但實際看見當地的情形，還是讓她們驚訝。怡庭說：「對我來說，衛生棉就是一件平凡無奇的日常用品，直到走進肯亞偏鄉，看見許多女孩用髒布、地毯、盒子、破舊海綿，或是乾脆穿三件內褲應付經血，我心中真的太震撼了。」

一個馬賽族（Maasai）女孩告訴怡庭，依照馬賽族習俗，女孩必須在第一次月經來潮後進行「割禮」，就是切除部分或全部的女性生殖器，因此，她奶奶常警告她，月經來了一定要告訴奶奶，奶奶才能幫她行割禮。這個女孩口頭上答應，心裡卻很害怕，決定到時不讓任何人知道她月經來潮。十三歲的某一天，她突然感到褲底一陣濕意，急忙跑到廁所檢查，果然看到一片血漬，便自己偷偷處理，「我用從奶奶那邊聽來的方式，將獸皮和一些零星布料疊在內褲上，但是獸皮很粗糙、很乾燥，尤其坐著時與皮膚貼合會非常疼痛，所以我大部分時間只能站著，後來，我的私密處還被獸皮刮傷，傷口過了很久才癒合。」一直到現在，即使她已經學會了製作布衛生棉，還是不敢告訴奶奶月經已經來潮。

還有一次，怡庭拜訪一間基塔萊的學校，這間學校的八年級本來有近百位女生，但女生的課堂出席率總是比男生低。校長告訴怡庭，只要遇到生理期，女學生就會曠課，每月都有將近五十位女生缺席，只因經期不舒服、沒有適合的衛生棉。還有女老師像之前提過的校長太太克莉絲汀一樣，會自費給女學生買衛生棉，「每個月，她班上都有一個女生會消失幾堂課。這個孩子是孤兒，而扶養她的阿姨完全不在乎她的衛生需求。每次月事來，她都塞幾塊衣服了事，也不敢來學校。有天，她的月經臨時在課堂上來潮，老師送她幾片衛生棉、教她使用，但這些拋棄式衛生棉消耗很快，老師也沒有能力一直提供給她的學生。」

輟學、貧窮、染愛滋，只因沒有衛生棉

這些故事，都是數據的一部分。聯合國兒童基金會（UNICEF）曾統計，十分之一的非洲女孩輟學的原因是缺乏衛生棉。由於月事缺乏適當的處理，女孩在生理期期間不敢上學，因此多少會影響學習成果，久而久之，甚至有一些女孩會因跟不

上進度而輟學。

根據世界銀行公告，全非洲共有三億多名十五至六十四歲的女性，而其中一億人生活在貧窮線下，即一天生活費不到台幣六十元。以馬拉威而言，七成人民一天生活費不到台幣五十七元，但市售衛生棉就要價三十至四十元，絕不是一家支出次序的優先。而在肯亞，共有約四百萬的青少女，其中八成女孩都生活在貧窮線下，家裡連基本遮風避雨的屋頂和三餐都沒有。

但同時，聯合國也發現，如果一個非洲女孩多讀一年的書，一生的經濟總收入可以多出十至二十%。那些因生理期輟學的女孩，找不到更好的出路，只能再次陷入上一世代早婚、貧窮、多子的循環。

不過，這還不是最糟糕的。在「愛女孩」計畫開始的二〇一五年，正好英國《衛報》報導了一位博士的研究調查，根據該年度蒐集的三千位肯亞十五歲青少女的資料，發現每十位女孩裡就有一位，為了取得每月的衛生棉費用，會以身體來換取金錢。

尤其是貧民窟，有些男人會以提供衛生棉與金錢為由，欺誘女孩發生性關係。根據研究，肯亞貧民窟有四・五%的女孩進行性交易，只為了購買衛生棉，卻因此置身於各種感染與疾病風險中，甚至染上愛滋。

看見展露自信的笑顏

怡庭當時已經大四，同班同學大多都已在忙著找實習、找工作。和其他同學相比，她的日子也很忙碌，不過，內容不太一樣——她一邊念書、一邊寫「愛女孩」的各種計畫書。可樂在肯亞忙著找最適合當地的布衛生棉材料，她則得想辦法在台灣募集師資、資金和其他工具，例如裁縫機。

很快地，她們就確定當地盛產的一種便宜花布，是最省錢、方便又環保的材料。只要保養得好，一片布衛生棉可以使用兩到三年，而基塔萊村落通風、天氣乾燥、風沙小，只要放在自家院子就容易晾乾。雖然取水比較不容易，但是只需要在提水時多準備額外用水，是相對容易解決的問題。最後，縫製布衛生棉的工作坊，除了培訓當地婦女一技之長，更可以成為社區的衛教中心與婦女互助中心。

參與布衛生棉課程或工作坊的媽媽與學生。肯亞和烏干達是花布王國，當地人會購買自己喜歡的布料，並拿給裁縫師裁剪成自己喜歡的樣式。花布量身定做的衣服，是特殊場合與正式場合的標準穿著，當然，這是屬於有些經濟基礎的人才能擁有的選項。

大部分偏鄉家庭都在家自力耕種，或是靠先生外出打零工，有時沒錢、沒收成，當天就沒有晚餐，而媽媽們因沒有經濟能力，在家裡通常沒什麼地位，缺乏自信，說話都很小聲。但這幾年，一個接一個成為種籽老師的媽媽們似乎有了不同。怡庭說：「一位媽媽很興奮地告訴我，她現在不但可以分擔經濟壓力，也可以教女兒正確的衛生觀念。原來自己也可以為家庭出一份力，而不是一直依賴先生。」而布衛生棉省下的錢，媽媽們則能拿去花在更需要的家用。

因布衛生棉而改變的人生

布衛生棉課程與工作坊相繼在各地學校、社區、村落開展，與當地各非營利組織和技能學校合作，讓單親或弱勢家庭婦女學習縫紉，在三年內，為近六千五百名女性培養縫紉專長，表現優異的成員則受聘為種籽老師。她們產製的布衛生棉除了進入當地市場販售，也發放至大專院校進行衛生教育，並捐至貧民窟。「這些成了教師的媽媽們，不只提供布衛生棉教學與縫紉課程，也走入各家各村分享正確的衛教觀念，漸漸受到尊重，可以看到她們自信的笑容更多了。」

怡庭一行人也回到那間每月都有五十多位女生曠課的學校開課，「一年後，當我再次拜訪學校，校長跑來開心地告訴我：『你知道嗎？我們這學期沒有任何一位女孩因為生理期曠課！』」而那位學生總會消失幾堂課的老師，為學生一口氣縫了八片布衛生棉：「現在，那位女孩再也沒缺過一堂課了。」

看到這些當地自己人引起的轉變，讓我們非常興奮。因為每一次計畫，我們的目標都是「我們最後要怎麼離開？」有一天，當這些村莊不用再靠外人過更好的生活，我們離開時，就是真正的朋友，而不是贊助者。

在工作坊裡，常見學生們興奮地拿著繽紛多彩、花色各異的布衛生棉，各自與衣服比對著。一個女孩笑著說：「雖然衛生棉只有自己看得見，但是使用這麼美麗的衛生棉，心情就是特別好！」或許，在她們眼中，美麗的不只是布衛生棉的花色，還有她們多了一點改變的人生。

原來聯合國這麼近

後來，怡庭以系上第一名的成績畢業，但一畢業，她就決定進來「舊鞋救命」工作，繼續投入她已花了大把心力在其中的「愛女孩」計畫。可樂回台生完雙胞胎後，「愛女孩」的主力就由怡庭擔任。

從一開始的志工、兼職，到現在，二十六歲的怡庭已是「愛女孩」的執行總監，除了繼續拓展、追蹤肯亞偏鄉的布衛生棉計畫，也慢慢將這種模式拓展到烏干達、尚比亞、坦尚尼亞、史瓦帝尼、南蘇丹。例如，距離烏干達首都坎帕拉北方車程七小時的城鎮利拉（Lira），是通往南蘇丹的必經之路，而利拉的女孩裁縫訓練中心就坐落於市郊，透過平均為期一個月的密集課程，來到中心的女孩可以學習剪布、操作腳踏式縫紉機、基礎商業課程、衛生教育觀念，學生都期待這樣的技能可以為自己未來的生活帶來穩定的收入。

至今，「愛女孩」共發出超過四萬份布衛生棉到偏鄉、教導近七千名當地婦女縫紉；二〇一八年，怡庭受邀至聯合國周邊會議分享「愛女孩」在肯亞與烏干達的經驗，讓她興奮又緊張。

（左）畢業後，怡庭就正式擔任「愛女孩」的執行總監。（右）參加聯合國周邊會議那天，怡庭說：「以前一直覺得聯合國是個遙遠的存在，沒想到原來可以這麼近。」

第一名畢業，不去大公司而是去非洲

在台灣，怡庭也常常受邀到各單位分享，通常會收到的回應不乏「非洲不危險嗎？」「一個小女生怎麼敢去？」彷彿她做了件令人無法理解的怪事。此時，她通常會反問：「大家知道嗎？法國巴黎的手機失竊率和烏干達坎帕拉相當，但為什麼我們總覺得法國好浪漫、非洲好遠好危險好可怕？」其實，比起非洲生活，更讓她害怕的另有其事：「我超級怕坐飛機！每次出發前，上帝應該都會覺得我很吵，因為怕得一直禱告。」

怡庭說，最初第一次到肯亞，第一次踏入一個陌生的國家，當然多少會恐懼，但後來，她發現對自己而言，最可怕的莫過於舒適圈、同溫層與小確幸。「我可能永遠無法真正體會他們的生活，但我想要努力去理解。」這應該就是為什麼，以系上第一名成績畢業的她，卻做了這件「怪事」——沒去大公司，而是跑到肯亞鄉間踏著黃沙土、學媽媽們用頭頂物品走路吧。

（左）每當怡庭在肯亞和烏干達的鄉間走著走著，就會有頭頂物品的婦女迎面而來，每個人都不疾不徐、步伐穩妥、身姿微擺，散發出一股保持自我步調的自信。怡庭說，她們都是美姿美儀課程的老師！（右）布衛生棉課程與工作坊相繼在各地學校、社區、村落開展，也成為重要的衛生教育中心。

從微小的事開始

前陣子，怡庭認識了一位新加坡女孩米雪兒，她曾經參加「愛女孩」去東非的志工團，因剛好來台灣旅行，就和怡庭約了見面。

一見面，素昧平生的米雪兒就興奮地跟怡庭分享一段剛結束的印度旅程：「我前陣子剛參加一次印度服務之旅，原本的服務內容是粉刷教室、改建硬體設備，但因為以前參加『愛女孩』的經驗，我在粉刷教室結束後，計畫了一場布衛生棉的教學課程，結果備受印度女學員好評！」

印度偏鄉也是一個流傳許多關於月事的保守觀念與習俗之地，近年這方面的議題因媒體傳播備受關注。除了二〇一八年的寶萊塢電影《護墊俠》（Pad Man）以此為題材，今年獲得第九十一屆奧斯卡金像獎最佳紀錄短片獎的《月事革命》（Period. End Of Sentence），也在探討偏鄉婦女與衛生棉的現況。

米雪兒的布衛生棉課程，不但讓印度學員驚喜，她自己也因此經歷了一場驚喜，「出發之前，有一位馬來西亞網友知道了我的計畫，竟然親自縫了近八百片的布衛生棉，讓我帶去印度教學。」當米雪兒興奮地與怡庭聊到這一切，怡庭心裡浮現了德蕾莎修女曾講過的一句話：「我們也許不能做偉大的事，但是我們可以用偉大的愛，來做微小的事。」

怡庭說：「『愛女孩』計畫的起頭很微小，一開始，只是幾個大學女生手上的一根針、一條線，從沒想過會變成持續性的工作，甚至直到今天，變成一個陪伴過五萬個女孩、跨越數個國家邊境的計畫。現在，連印度都能受到一點點影響，好期待未來能有更多微小的事因『愛女孩』發生！」她下了總結：「我永遠記得當初在心中大喊『我加入！』的那一刻，做怪事真的需要一些衝動！」

感謝當初她那跳進「怪事」的衝動，讓現在有無數的「美事」能夠成就。

CHAPTER 11

讓既有的一切成為你的助力

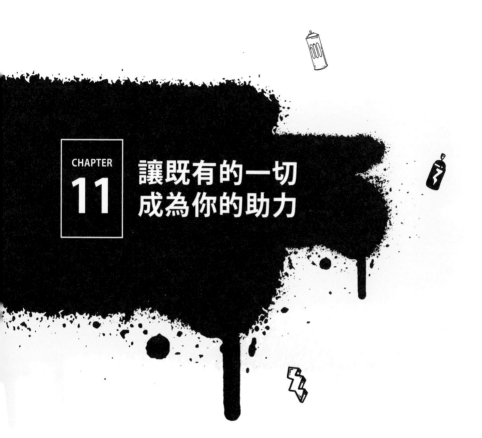

有誰不認識道森嗎？

「舊鞋救命」曾經有一位台灣夥伴黃凱琳，初到基塔萊時，住在道森家，準備花一陣子熟悉當地環境。有一天，她在市區辦完事，想招計程車回家，但忘了道森家的地址，只好隨意招下路邊一輛計程車：「請問，你知道道森牧師的家在哪裡嗎？」倚著重型摩托車的年輕駕駛一聽，馬上笑著反問：「有誰不認識道森嗎？」

原來，道森實在幫助過太多人了，幾乎整個基塔萊都認識他，而且相當敬重他。我曾提過，道森是肯亞家庭教會系統的領袖，他在肯亞領導的一、兩百間家庭教會，大多分布在市郊與偏鄉，信徒們在自家、村里或某座山的某棵大樹下聚集，可能多達百餘人，也可能只有五、六人。而他也有經濟自主能力，他從小在基塔萊長大，後來開始經營手機維修和音箱出租，有時也會接案修道路，經濟無後顧之憂，讓他有能力去幫助更多人。

其實，道森的童年也是苦過來的。有次聖誕節，我們一群人開著車，要送物資給山上的小孩，結果車子拋錨，我們就下車，扛著食物和果汁，徒步往山上走。走著走著，道森突然說：「這條路我以前常爬呢！十二歲時，我就需要爬過山頭，到另一邊傳福音，我彈手風琴，哥哥講道。」道森的爸爸也是牧師，從小就告訴兄弟倆，沒有任何事可以阻擋你去傳福音，所以他們常常爬山去宣教，一路上沒水沒食物，所以道森都知道路邊什麼可以吃、什麼不能吃。當下我衝擊很大，只能回答：「喔，在我們台灣，只要下個雨，就會阻擋很多基督徒去教會了。」

道森的爸爸以前是街友，瘸了一條腿，後來被「救世軍」（The Salvation Army）的人帶回家照顧。「救世軍」是個於一八六五年在英國成立的基督教跨國組織，以街頭布道、慈善活動、社會服務著稱，願景是成為「窮人的軍隊」。因此，道森爸爸後來也成了基督徒，常到山上待個幾週，建立教會，再拖著一條腿回家，最後建立了一百多間教會。道森的哥哥承接了這些傳統教會，道森則自己另外建立一百多間家庭教會。當我拜訪他們老家，房子周圍總是人來人往，有些是親戚，有些是訪客，孩子則有些是親生的，有些是領養的，總之，常常滿滿的都是人！

在台灣和肯亞，我看到很對比的一面。很多台灣年輕人，什麼資源都有，但不知道自己想要什麼；當我們走進肯亞沙漠，卻很難告訴當地人：「只要你願意努力，生命就可以不一樣。」在一個沒水沒電、三小時都走不出荒漠的地方，似乎還談不上個人努力，連不用擔憂生存的餘裕都無法享有。

誰造成了非洲國家「乞討文化」？

現在，道森一家住在基塔萊的房子，是一棟外國宣教士留下來的樓房，長期接待訪客、國際志工，或從他國來受訓的牧師們。

跨國工作，最難的就是可以找到信任的人，一開始我們為此付了很多學費。除了官員揩油水是非洲基本款，還常常被當地人的工作效率和思維弄得哭笑不得，但很幸運，有了道森與當地牧師團隊，開啟了非洲援助的一扇門，讓我們能夠更理解當地文化的景況。

此外，這些經驗也讓我們練出了一些識人的能力。例如，當你看到A牧師將幾個小孩照顧得很好，而B牧師和一堆窮小孩過得很可憐，你會將手中的資金給誰？或許不少人會選擇給B牧師，但是，有沒有可能是A牧師很會善用資源，而B牧師沒有管理的能力？如果A牧師看到這個情況，他只會學到一件事：要裝得很貧窮，雙方都無法建立健康正確的認知。還有，如果外援人員到當地，聊過幾次天，就給當地人幾百塊美金，對方會學到什麼事？「認真努力上班一個月，還不如去認識一個外國人。」因為，只要他認識一個願意支持他的外國人，就能賺得比同儕多很多，這也是我們詬病非洲國家「乞討文化」的起源，卻不知道最初是我們這些不知情的外人助長了這種文化。

拋去英雄主義，以既有資源走得更長遠

「舊鞋救命」在非洲許多國家都有不同計畫在發展，但我們都不從零開始，而是直接與當地教會或組織合作，在他們既有的基礎上，注入更多資源，協助他們走得更完善、更長遠，而不是讓我們的善意變成「白人帶來的負擔」，一旦外人離開，就不能延續。例如，設立貨櫃教室的地點，都是確定當地原本有學校、有老師在教書，只是資源破舊缺乏，我們才進一步評估是否需要貨櫃教室；有些學校需要的是課程或硬體設備，我們就給他們需要的資源。建立水井的「活水計畫」則能和養雞農耕計畫綁在一起，在執行這些計畫的村莊，原本居民的收入大多來自打零工，或是幫佃農收割，有些人自家有田地，但喜歡種玉米，沒有什麼營養和經濟效益；只需要教他們怎麼養土、養蚯蚓，讓他們能享用健康飲食，又能拿去市場賣。

我們的國際志工行程裡安排了一天「媽寶日」，讓台灣志工跟著哈瑞給的媽媽過一天當地的日常生活，包含走一小時取水、花三小時煮飯、用牛糞刷牆壁與鋪地板。

雖然在當地有很多計畫，但我們從不跳過在地領袖，直接做自己的事。我有些參與短期宣教的朋友，進到當地村莊，辦了布道會，一堆人受洗；這些外人離開時，有了一輩子可講的故事，但這些受洗的人，又回去過著天天酗酒的生活，生命毫無改變。我們也希望，來教會的人，都是出自他真心的意願，而不是為了物質。所以，我們雖然在當地傳福音，但建立的都是居民與當地教會的連結；我們不施洗，只給當地牧師施洗；我們不一個個關懷居民，留給當地牧師一家家探訪。因為有一天，我們會離開，只有當地人能改變當地人。

別讓人生的某一個階段定義你

我常常被問到，「舊鞋救命」之後會怎麼發展，其實我連五年後、十年後的我是什麼樣子，都很難想像。「舊鞋救命」的核心夥伴沒想過要一輩子做同樣的事，反而常常在思考：「什麼時候才能在當地建立一個系統？」「什麼時候我們才能離開？」

組織團隊通常有兩種型態，一是運作系統非常完善，無論領袖是誰都不會有太大改變，可以走得比較穩、比較久，二是倚靠領袖的個人魅力，當領袖一換，組織可能就會卡住。我們希望「舊鞋救命」是一種理念、一個運動，即使我們離開，也有人能承接。

「舊鞋救命」絕對是我人生裡一段非常感恩與享受的過程，但它不會是我的身分，也不能定義我這個人。我曾經跟可樂討論過，如果我們未來順利交接「舊鞋救命」，我們是不是會回去教英文，或是到鄉下某個小教會服務？某種程度而言，我們現在的生活穩定，如果我們一離開這個位置，明天就會立刻陷入未知，但我們也不會因為個人的安穩而占著這個位置。對許多人而言，這個決定似乎是充滿風險的，但我知道，錯過認識上帝創造的「你」、錯過認識你這一生「使命」的機會，風險是更大的。「舊鞋救命」只是我這個人生命裡展現的其中一個階段，關於「我」、關於「使命」，還有很多未知跟奧秘，需要我不停去追求、去突破，而不是一直停滯在某段人生裡。如果我知道自己必須進入下一階段，或是領悟到其他更急迫的使命，那當然是比安穩更重要的事。

CHAPTER 12

「皮膚色」是什麼顏色？

孩子們的非洲色童年

有一次在澳洲開完會，我就馬上趕回台灣，為的是慶祝雙胞胎的三歲生日，陪她們度過這個里程碑。

多年來與教會裡的年輕人相處，我發現很多人會因為父母的教會工作繁忙而怪罪教會，但也有不少人因父母的榜樣愛上基督信仰。

我知道，我在「舊鞋救命」的角色，隨時有下一任理事長可以取代我；在教會的任務，也隨時有另一位熱心會友可以取代我；但對女兒們而言，爸爸只有我這一位！所以，我很喜歡德蕾莎修女的一句話：「想改變世界，先從照顧好自己的家庭開始。」

不管在台灣或肯亞，我們都盡量全家一起生活。我們相信，上帝不是呼召一個人單打獨鬥，而是全家人都走在祂的呼召裡。所以，恩亞和雙胞胎的童年，有許多時間都是在肯亞度過的。

對於教育，我們對孩子的期望是，認識上帝的美善，看見祂為每個人生命創造的計畫與獨特價值，學會獨立思考，以及養成自學的習慣，其他的，我們都相信上

（左）恩亞用當地水桶洗澡。（右）恩亞跟著我們一起在家裡院子的有機農園摘菜，這個有機小農場是我們用來實驗農耕計畫的蔬果種植。

進了當地幼稚園沒多久，我們就發現恩亞的英語變成非洲腔。

待在肯亞久了，連揹洋娃娃的方式都很非洲！

帝會給孩子最好的安排。

恩亞還在吃奶嘴的時候，就常常泡在回收的衣鞋堆裡玩耍，到了基塔萊，也常被當地小孩抱著玩。耳濡目染之下，有一次，她出門倒垃圾，一拿起桶子，就反射性地將它頂在頭上，還有一次，拿到人物著色本，她立即為人物畫上「皮膚色」——咖啡色。有一陣子，可樂帶她回加拿大探親，買玩具的時候選了半天，最後她選了一個黑娃娃，開心地抱在手上，我很開心：「我們都喜歡黑文化！」長大後，恩亞進了一間本土幼稚園，朋友都是當地小孩，很快地，可樂就發現恩亞講的英語都是非洲腔了。

隨遇而安，就地取材的生活

在這裡，可樂常常得發揮創意，就地取材供應生活上的一些需要。剛搬進基塔萊的住家，我們就發現冰箱的冷凍櫃沒有門，馬上順手製作了一扇門；鄉下娛樂不多，可樂就用瓶蓋自製玩具讓孩子學習手眼協調和辨認顏色，或是在牆上貼個簡單

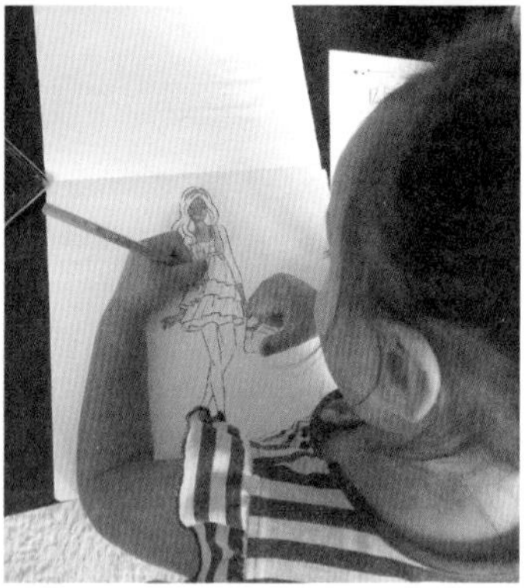

（左）出門倒垃圾，恩亞一拿起桶子就往頭上頂，我笑了一下：「果然是非洲長大的小孩！」
（右上）可樂帶恩亞回加拿大探親，去買玩具時，她最後挑中的一個洋娃娃，讓我相信：「有其父必有其女！」
（右下）拿到著色本，要恩亞為人物畫上「皮膚色」，她立刻塗上的顏色是咖啡色。

（左）在牆壁貼上剪貼的聖誕樹來歡度聖誕節。
（右）可樂用二手衣物與廢棄布料織出的地墊。

的聖誕樹剪紙過聖誕節；最近，她著迷的是用一些二手衣物與廢棄布料，織出美麗獨特的家飾品，想試試看是否有可能讓當地婦女發展這樣的手工藝小生意。

基塔萊常常無預警停電，有時全家突然一秒就陷入伸手不見五指的漆黑裡，但女孩們都習慣了，點個蠟燭，依然在黑暗中開心地畫畫。我常常開玩笑說：「感謝基塔萊不穩定的電力，讓我們家三不五時就能享受燭光晚餐，在台灣都不會這麼浪漫！」某個禮拜，停了三四次電，女兒們依舊很習慣地拿出手電筒，繼續跳舞、畫畫。感謝上帝送我最好的禮物，就是四個「停電當開趴」「偏鄉當郊遊」，從不抱怨的妻女！在黑暗裡，她們眼前的世界似乎仍然是繽紛的。

當瘧疾找上門

如果一定要說個比較驚險的經驗，應該就是發現可樂與恩亞得瘧疾的時候。

有一陣子，可樂身體很不舒服，恩亞也開始流鼻水，以為是感冒，就去看醫生，結果發現兩人都得了瘧疾。瘧疾的症狀和感冒有點類似，還會嘔吐、忽冷忽

三個女孩都習慣了一秒停電的生活。

有次出門，一回到家，就看見家門口牆壁上被恩亞畫了「ENYA YANG」幾個大字，我馬上大叫女兒過來：「恩亞！爸爸要告訴你一件事，你塗鴉不能用真名，不然很快就會被警察抓到了。」（放錯重點的過來人爸爸）

如果有人問：「以前狂練街頭塗鴉這麼多年，現在有什麼用？」我會說：「女兒生日派對的道具都比別人好看啊！

一到肯亞，恩亞就變成「放羊的小孩」──每當我們跟當地朋友提到，在台灣看羊、看牛不但要特地出遠門，還要付錢，他們都不敢相信。

熱，後來吃了藥，幾天就好了。

我們回想，得瘧疾的原因，大概是有幾個晚上，可樂會推著嬰兒車到外面逛逛、哄她睡覺，而瘧蚊通常是晚上出來的。其實，瘧疾在大部分非洲國家非常普遍，它是一種立即治療就能痊癒的病，但是，非洲每年卻有幾百萬小孩死於瘧疾，這是因為孩子本身可能早就營養不良，加上醫療資源缺乏，即使找得到醫院，通常接受治療時已經太晚了。

可樂第二次得瘧疾時，情況更嚴重，因為當時她還懷著雙胞胎。她到醫院吊點滴，住院了一陣子，希望在不影響胎兒的狀況下去治療，後來也有驚無險。

其實，我們好像真的比較不容易害怕或擔心面前的挑戰，或許是我們相信上帝始終看顧著我們，或許是因為我們的個性也都比較樂觀。尤其是我，不管在什麼情況，我都可以開玩笑。我曾跟可樂說，會不會我快死的時候，還會留一個信封給孩子，說：「女兒們哪！爸爸已經要走了，其實我跟媽媽一直都在為你們存錢，存了很多鈔票跟黃金，就在我們的床底下。」等她們真的去床底下找，就會發現真的有一個盒子，打開一看，只有一張紙條：「這是爸爸最後一次跟你們開玩笑，我先走啦！」

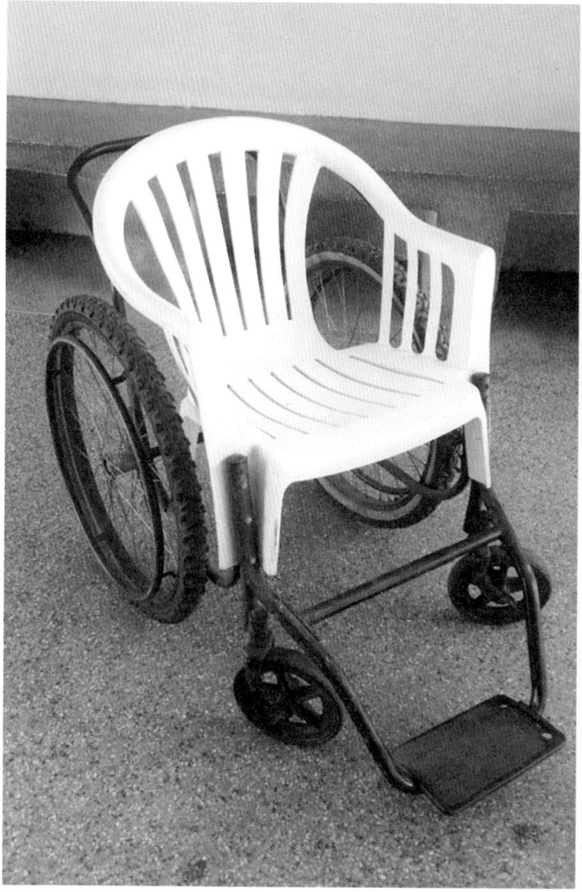

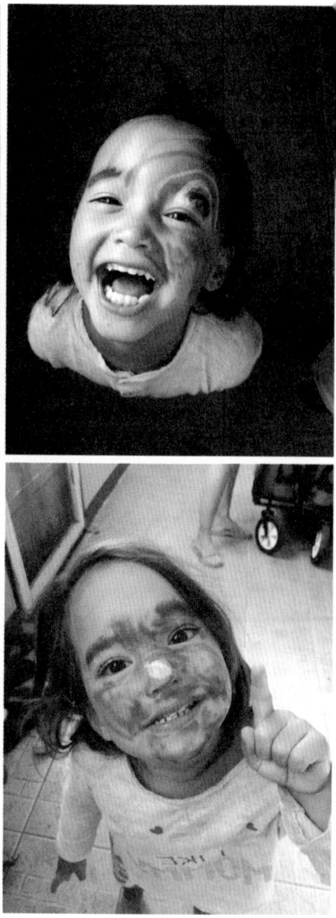

（左）可樂得瘧疾住院時看見的輪椅，果然是只有非洲才看得到的創意！
（右）孩子們自行發展出的娛樂方式，妹妹的臉就是姊姊的畫布。

夫妻間的時空膠囊

結婚後，即使有了三個小孩，每年的結婚紀念日，我和可樂仍然會挪出時間，單獨出門約會，回顧過去一年的生活點滴，聊聊婚姻相關的話題和願景。晚上回家後，再寫一封信給明年的彼此，放進時空膠囊。

每次的對談內容，有些讓我們想起過去，有些讓我們珍惜現在，有些讓我們期待未來。如果你的結婚週年也快到了，說不定也可以看看這些話題，和你的另一半聊一聊：

- 你什麼時候確定想跟我結婚的？用兩個字來形容我們第一次接吻。
- 我們去年最精彩的經歷是什麼？最困難的經歷是什麼？
- 你最喜歡我穿什麼衣服？
- 過去一年你覺得我最性感的時刻？
- 如果可以回到去年的某一天，你想回去哪一天？
- 下次旅遊想去哪裡？

●去年有沒有你本來希望完成，卻沒有完成的事？
●什麼食物會讓你想到我？
●去年我們是否有好好管理我們的錢財？
●你希望我在接下來的一年丟掉什麼東西？
●如果可以為我們的未來許三個願望，你會許什麼？
●你最喜歡我外表的哪個部分？
●你會為我們的性生活打幾分？
●你希望一年後的今天，我們的生活是什麼樣子？
●你最喜歡我為你做什麼事？你最喜歡和我一起做什麼事？
●結婚最大的好處是什麼？
●你覺得別人會怎麼形容我們的婚姻？
●對於單身的朋友你會給予什麼關於婚姻的建議？

每年結婚紀念日，我們最期待的不是晚餐或其他行程，而是回到家打開時光膠囊，閱讀一年前寫給彼此的信。記得第二個結婚紀念日，我們第一次打開信件……

（左）可樂每天都會帶著恩亞認識地球上的一個國家，為那個國家的需要之處禱告。某天我一早起床，就看見令人感動的畫面：可樂與恩亞在她的小地球上找「夏威夷」，為火山爆發的災情祈禱，接著找「剛果」，為最近的伊波拉疫情禱告。

（右）可樂每天早上都會和恩亞一起禱告、讀《聖經》，今天無意間看見恩亞的畫作，我好奇的問：「這是妳在玩大便，然後爸爸很生氣嗎？」女兒轉過頭：「這是《聖經》故事裡的大衛和巨人歌利亞。」

嘿！寶貝：

我們的婚姻來到第二年了！

你期待成為一個爸爸嗎？我知道你會是一個很棒的爸爸。

去年，和你度過的一年，是我生命中最好的一年，而且我確定我們的日子只會越來越美好。我很開心你可以成為我的丈夫，你比我夢想中的另一半更好，你給我的驚喜從來沒有減少。

現在你二十七歲了，而且會越來越年長，但是記得，嘗試新的事物，永遠不會太晚！無論上帝要帶領你去哪裡，我都支持你。

我們完成所有想完成的事了嗎？如果沒有，今天就來訂一些計畫吧！

我們有挑戰彼此在信仰上的成長嗎？如果沒有，今年我們一定要做到！我們今天做愛了嗎？如果沒有，現在就做，而且要多一次，我說話算話，哈哈！

我永遠不會停止愛你。

可樂

給二十八歲的可樂：

首先，二十七歲的右任怎麼樣？對你好嗎？我很好奇，你們的生活是什麼樣子？你們的性生活依舊是一週四到五次嗎？你仍然有超辣身材嗎？如果沒有，你應該跟右任一起訂一個健身計畫！

恩亞過得如何？她對你好嗎？你還記得你等不及要與她見面時有多興奮嗎？

你還記得，當初我們結婚時的一些夢想嗎？記得我們曾經多麼興奮地搬到中原大學附近，多麼希望能為上帝做一些大事？記得我們說我們不想變成「婚後幸福肥」（Married and Fat）？記得我們想要領養小孩？記得我們想帶一些學生去宣教之旅？記得我們想要每月旅行一次？

別忘記我們對婚姻的夢想，我愛你，結婚週年快樂！

PS. 期待這些信最終能超過六十封！

右任

發起「舊鞋救命」時，我們還不知道這件事從此會一直出現在我們的信裡……

給二十九歲的可樂：

嘿！寶貝，時間過得好快，我們已經結婚三年了！我很好奇，這段時間我們經歷第一次吵架了嗎？希望沒有！但如果有，我很確定你依舊是我遇過最完美的女人！

我們的工作進行得如何了？

記得我們都被「舊鞋救命」嚇到嗎？上帝依舊會以我們從未想過的方式來讓我們驚喜連連嗎？和你共度的時光是我人生中最棒的時光，從台灣到非洲，從一起擔任青年輔導到一起有了恩亞，上帝對我很好，祂以超乎我想像的方式賜福給我。

我愛你，讓我們持續和上帝同行，看祂如何在未來一年讓我們更加驚喜。

PS. 昨天你跟我說，你的體重五十六．五公斤，我很好奇，現在你的體重多少？哈哈哈。

你滿心感恩的老公右任

有一年，我們忙到沒辦法在結婚紀念日當天寫信……

嗨！寶貝：

我覺得真的很糟糕，因為已經過了我們的結婚紀念日幾週了，我才終於有時間好好寫這封信給你。和你一起度過的去年非常美好，我看見你在領導方面成長很多，不只是關於「舊鞋救命」，還有身為一個丈夫與爸爸。你是個不可思議的人，每天我都越來越愛你。

我不知道當我們讀到這封信的時候，我們身在何處，也許會在肯亞或烏干達，誰知道呢？你仍然認為「舊鞋救命」是你的使命所在嗎？你仍然對你的身分和我們所在的地方感到滿足嗎？我們寫一本書了嗎？我們開始自己的Youtube頻道了嗎？我很確定今年我們有更多的時間相處了，去年真的有點瘋狂，但現在雙胞胎終於幾乎要三歲了……一切會變得容易點。

寶貝，現在我心中有很多想做的事，但我不知道如何開始，或是究竟可不可行。但我想跟你分享，這樣今年你也可以提醒我。我真的想多為其他女性做些什麼，想發起一個運動，鼓勵女人支持女人，成為彼此的榜樣。不管怎樣，今年你可以繼續提醒我這件事。

我好愛你，謝謝你總是將我們的家放在第一位，永遠會為你的家人挪出時間，而且將耶穌視為我們家庭的領袖。

永遠愛你的可樂

嘿！寶貝：

距離我們的結婚紀念日已經過一星期了，不敢相信我們現在才寫這封信。我真的很喜歡這個寫信給彼此的小傳統，希望我們能維持這個習慣超過四、五十年的時間。

隨著三個小女孩的出生和「舊鞋救命」的爆炸性成長，我們每年的生活都不停產生劇烈的變動，不知道今年我們的生活又會是怎樣？最近「舊鞋救命」遇到了很多困難，希望我們二〇一八年能越來越強壯。然而，不管我們的工作發展規模是大是小，我都需要你時常提醒我，禱告、讀《聖經》、倚靠上帝、跟隨上帝，讓我們持續相信，祂會使用我們的生命去完成祂的計畫。

我愛你，你是上帝給我的最棒的祝福。我迫不及待想看見上帝會透過我們美麗的婚姻成就什麼事。

右任

結婚五週年時，我們都很興奮……

嗨！寶貝：

你相信我們已經結婚五年了嗎？十年的一半！我很確定，在這一天，我比以前更愛你，而且……我仍然比以前更性感，哈哈！

我有預感，今年會是忙碌的一年，有很多事情轉啊轉，但我知道我們會安然度過，因為神會帶領我們。寶貝，千萬別忘記，沒有一個夢想會太偉大以致無法達成。我相信神會使用我們家完成一些難以置信的事，我們不能停止夢想。

你是個完美的爸爸，女孩們都以你為榜樣，我喜歡這樣的你的全部！去年我們討論要增加一起禱告的時間，我們做到了嗎？我們還討論要一起寫一本關於婚姻的書，我們完成了嗎？讓我們常常試著去想，有什麼方式能讓我們成為別人的祝福。讓我們的家庭，能讓別人看見一個值得嚮往的榜樣。我愛你。

可樂

嘿！寶貝：

你相信嗎？距離我們走在婚禮紅毯上，已經過了五年，從那天開始，發生了好多事情。給你一個快速的小提醒，今天我們第一次去了汽車旅館，我累到開車回家的時候差點睡著。希望我們的五週年依舊這麼火辣！

另一個小提醒，我希望我們已經完成一本談論婚姻的書了。

雖然五年不是很長的時間，但這個數字的確是個超棒又瘋狂的里程碑。我確定，我們的未來還會有更瘋狂的體驗，我相信上帝會使用我們影響更多人。千萬別停止相信這點！

右任

我相信今年的結婚紀念日，我們依舊會在這樣的小傳統裡享受著驚喜。

從台灣到基塔萊，超過 30 小時的飛機，對我和可樂一點也不算什麼，因為更可怕的是，你必須同時帶著三個小孩。

在饒舌文化裡成長，一直以為自己未來的家裝潢會很塗鴉、生活會很嘻哈。現在，不管我喜歡的音樂有多猛，家裡放的還是小女孩的兒歌；不管我塗鴉多厲害，畫冊裡只剩下迪士尼公主的圖片；不管身上多少刺青，每天玩的也是扮家家酒。

有一陣子看著可樂和志工一起進鄉下、清沙蚤，心裡突然感激上帝，慶幸自己找到願意彎下身軀，過這種生活的妻子。正當我思考著自己是否真的無法供應老婆穩定生活的同時，突然聽到她和志工的對話：「我當時會對右任有興趣就是因為我們第一次見面的時候，我問他想要去哪個國家，他二話不說直接回答非洲！」或許是我想太多了，或許比起穩定的生活，老婆更希望我帶著她，一起經歷與上帝同行的冒險！

CHAPTER 13 我們的失控人生

一切都很值得

有一次在教會的演講結束後，一位聽眾媽媽私下來找我：「你講得太好了，我非常感動，但是，我要告訴你一個秘密……」她不好意思地說：「我昨天帶著小孩經過街角，看到你站在路邊，我們對到眼的瞬間，我馬上握緊兒子的手，快速低頭從旁走過……進到教會後才驚覺，原來你是這幾天的講者！」

哈哈，如果當初不是艾力克斯不離不棄的陪伴，也許我現在的個性與生活仍然與我的外表一致吧！

其實，我和艾力克斯曾經失聯很多年，我試過聯絡他，但都渺無音訊，直到後來，我終於從老朋友那裡得知他另一個聯絡方式。於是，雖然不知從何說起，但我開始試著寫一封信，向他介紹我最愛的老婆，讓他看看我三個女兒有多可愛，也讓他知道現在的我，正與世界各地的教會一起參與非洲的援助工作，所以今天才會坐在肯亞的鄉下，寫著這封不曉得會不會有人收到的信。

更重要的是，我想跟他說聲「謝謝」，因為今天的這一切，都是因為當時他願意花時間陪伴這個台灣小留學生，常常買披薩、陪我窩在那臭死人的單身漢居所，以及每週邀請我去他家晚餐，讓我看見一個男人該如何與老婆一起禱告、陪著孩子們唱歌跳舞。在他的生命中，我看見了上帝，也因為這份信仰，今天的我能站在非洲的沙漠裡，陪著更多孩子們禱告。

不知道該用什麼心態期待，我寄出了這封信，但是，幾個禮拜過去後，仍然沒有任何回音。直到某一天，我坐在教會裡，手機突然一響，收到一封未知聯絡人的來信，仔細一看，照片中一位滿頭白髮的男人，是快認不出的熟悉身影。那一刻，我驚覺時間過得多麼快，我已經不再是那個街頭上的屁孩，艾力克斯也早已不是那個騎著重機、帶著我們到處跑的熱血大叔。

眼睛離不開手機螢幕，我看見艾力克斯說：「很值得，我花在你身上的每一分每一秒，都很值得！」

到現在電話仍會響起

其實，一開始想募鞋子時，我一直很被動。身邊人都覺得ＯＫ、很好、趕快

我大部分的演講對象都是青年，我希望讓台灣的年輕人看見這世界的需要，知道自己的生命有一個偉大的計畫。

做，但我一直拖著沒動，直到我姊跟可樂催我，還有一個開早餐店的朋友無意間提到：「如果你趕快做好，我可以在店門口貼海報。」我才做了海報，也貼在網路上。結果，文宣被瘋狂轉傳、鞋子不停湧進來，我馬上把文宣刪掉，但已經太晚了，文宣已經到處被轉發或截圖，網友一直丟問題給我，我也忙著回覆，最後還有網友自動幫我將資訊彙整成一篇文章，從此一發不可收拾。我在文宣上留的那支電話，其實是我姊的電話，過了幾年，都還有陌生人會打給她：「請問，你們是『舊鞋救命』嗎？」

有掌聲，也有巴掌聲

獲選「十大傑出青年」那天，朋友好奇問我：「當選十大傑出青年是什麼感覺？」我說：「真的很高興獲得肯定，但也不會被這頭銜沖昏頭。」朋友再問：「怎麼說？」

我說：「第一，從行銷、策略、帳務到文件，所有的成果都是團隊完成的，所以我不可能覺得自己多有能耐。第二，你知道去年的十大傑出青年是誰嗎？」

「不知道啊。」

「是啊，也就是說當我一走出這扇門，依舊沒有人認得我，所以我也不必想太多，沒什麼好驕傲的，還是好好繼續努力吧！」

事實上，我面臨的質疑或困難，大概跟讚賞的聲量差不多。雖然大家都知道，一年有上千萬個孩子在非洲國家的角落死去，其中光是瘧疾致死的就有八十萬，但是，當你看見這些新聞，選擇轉台，繼續坐在家裡看韓劇，並不會受到責罵。反而，當你希望站出來接觸這些孩子，批評會接踵而至，經費運用方式、食物菜色、發送的地區分布不均勻……

常常很多人跟我說，他們很羨慕我：「右任，你的故事真的很精彩！」然而，大家都想要擁有這些故事，但卻沒有人想要這些故事的生活方式，例如每天忙到凌晨兩點、太太小孩得瘧疾、隨時得面對社會的質疑與壓力……當你全力投入一件事，換來的不只是掌聲，還有巴掌聲，你還願意堅持下去嗎？

這並不是說，我們必須免除外界的檢驗，而是當你找到使命，你得知道，你努力的目標大於這些批評的聲浪。

過度思考，只會走上平庸的道路

有一次，我參加一場演講，同台的講者都是傑出的年輕人，各自的背景領域橫跨農業、商業、非營利組織等等。我注意到，這些別人眼中的有為青年，分享的內容都有一個共通點，就是：「早知道這麼辛苦，我當時就不會做了。」

原來，大家都沒想清楚?!

我發現，過度思考，只會走上平庸的道路。如果你得將一切困難、挫折、風險、投資報酬率計算出來，什麼都要想清楚再慢慢走到第一步，你會跨不出去。尤其，現在這個時代變動太快，等到你想清楚了，晚了一天，一切可能都早已不一樣了。有時候，真的要豁出去冒險，跌倒後再爬起來修正調整，跨出這一步，才會看見一條路在眼前展開。

眼前這些看起來充滿故事、勇氣，活出精彩人生的人，當初都只是就手上所知的資訊，下了這個決定，直接踏出步伐，犯錯了，再修改，一邊修正，一邊前進。

當初，我爸媽很擔心我收入不穩定，時間都耗在沒有收入的志工活動上：「以後太太小孩怎麼辦？你會活不下去！」結果，一聽到我得「十大傑出青年」的消息，他們照片發得最快，我說：「爸、媽，當時沒聽你們的話是對的！」

走在「失控」的計畫裡

有一次，我上電台節目受訪，一進錄音間，就覺得冷氣的溫度對我來說太低，但其他人都很自在。最後，主持人看不下去我「受凍」「挨寒」的可憐樣，乾脆直接拿出棉被，讓我蓋在身上接受訪問。我們半開玩笑地下了結論：「上帝把我設計得這麼怕冷，應該是早就計畫好要我去非洲了吧！」

很多人回頭看我過去的歲月，認為我過著很「失控」的日子，但對我來說，那個從小愛塗鴉、溜滑板的自己，十八歲時，遇到艾力克斯、認識了上帝，人生完全改變，才是出乎我意料外的「失控」。

自從有了信仰，我發現，我對自己、他人，以及這世界的想法扭轉了。以前我有自己的計畫，卻走往一個「失控」的方向；但現在，我經歷到的是，走在一個無比偉大、值得信賴的計畫裡，我學會「失控」——鬆開方向盤，對自己的人生放

在錄音間蓋棉被受訪。

手，走在上帝為我量身打造的計畫裡。

因這樣的「失控」，我反而獲得了平靜與信心。開始「舊鞋救命」後，很多人問我：「你遇過這麼多問題，怎麼不會退縮？」「需要下那麼多決策，難道你都不怕？」仔細想想，我覺得這應該就像「虛擬實境」（VR）一樣吧！

不必畏懼眼前的挑戰

你體驗過「虛擬實境」，一定會驚豔於那種身歷其境的感覺。只要戴上眼鏡、頭盔等專用的穿戴裝置，就可以進入電腦模擬的3D世界，在裡面感受到視覺、聽覺，甚至觸覺的逼真。你可以自由的在這3D世界遊走，並與當中遇見的任何對象或事物進行互動。

所以，當你飛到半空中、走在很高的樓層，或是看見一隻暴龍向你迎面撲來，你心裡一定自然會湧上緊張、害怕或驚嚇，因為在這個虛擬世界裡，你的感覺還是真實的。但是，其實你也知道，這一切都是虛擬的，不是真實世界，所以你其實並不怕受傷、中槍或從高空中掉下去。如果你相信，這個世界只是一場短暫的「虛擬實境」遊戲，還有另一個世界才是永恆的、真實的，你要追求的只是在現下身處的這個虛擬世界裡，活出另一個世界真實的價值，那麼，你就不會畏懼眼前的挑戰。

這樣的你能做什麼？

我其實很喜歡讀書、吸收知識，但或許因為沒有走在體制內的學歷制度，理所當然地，也成了社會量尺之下的失敗者。在同年齡的朋友眼中，我的資歷一直停留在國中畢業；從社會的眼光來看，我一直兼職教英文、待在教會，都賺不了大錢。

所以，你一定不難想像，當我給身旁的人看那張肯亞小孩雙腳潰爛的照片時，他們對我說的第一句話是：「右任，你的學歷只有國中畢業，月薪只有22K，你能做什麼？」

但是，《聖經》裡有個故事。一大群人跟著耶穌，在山上聽耶穌講道，結束後，大家找不到食物吃，飢餓無援。這時候，有一個小男孩，拿出了五塊餅、兩條魚，而且，那是他唯一僅有的。旁邊有人看到了這五塊餅、兩條魚，馬上不屑地說：「這裡有五千人，根本不夠！」然而，耶穌接過了這些食物，要大家分下去——結果，「失控」的狀況發生了！食物像聚寶盆一樣越分越多、越傳越多，最後，不但每個人都吃撐了肚子，還剩下十二籃多餘的食物碎屑。

於是，當肯亞有上萬人因沙蚤死亡，別人看著渺小的我失望地說：「你連高中都沒念完，跟人家辦什麼教育？」「你自己都沒什麼收入，怎麼幫助非洲小孩脫離貧窮？」當下，我還是只能將手中僅有的給出來——一張海報，兩千雙庫存鞋，就這樣翻了十倍、二十倍、五十倍；這「失控」的祝福，開始了「舊鞋救命」後續的一連串發展。這一切都不是靠我自己能做到的，因為我的能力實在有限，但幸運的是，上帝差遣的往往不是最「完美」的人，而是最「願意」的人。

去年的結婚紀念日，我依照往常將寫給可樂的信摺好，放進時光膠囊裡：

嘿！寶貝：

你現在三十三歲了！希望孩子們更成熟，我們照顧起來也更容易了。

還記得我們去年做了什麼嗎？我們在肯亞艾爾頁美景餐廳共度了浪漫的晚餐，你媽媽和露比幫我們照顧小孩，所以我們有很美好的時光，可以談論去年和明年的願景。

我剛接下教會裡的職位，而你剛接受一份英文教學的工作邀約。希望這些機會能讓我們更進一步地服務教會與更多人。

無論如何，因為有你，這六年過得很快樂！我確定我們今年依舊會大放光芒，上帝一直帶領我們，感受祂的榮耀與奧秘。

右任

「失控」是最好的安排

我們能將手中僅有的一切交出來，跨出看似「失控」的一步嗎？我們能不能試著付出現在能達到的力量，在自己的家庭、學校、職場，照顧別人的需要？我相信，你的生命裡也有一些東西，可能是這個世界眼中看起來無用、不起眼、瞧不起的，甚至，你認為自己就是渺小、毫無價值的，但是，只要你願意進入這「失控」的人生，上帝會在祂為你量身定作的計畫裡，創造出「失控」得超乎你想像的美好祝福。

想一想，當我們參加喪禮時，沒有人會回憶這個人一生賺了多少錢、開過什麼樣的車子、住著什麼樣的房子，而是他一生所經歷的高山和低谷，以及他所留下的每一個故事。

將我們手中僅有的全部，交給一個比我們更偉大的「失控」計畫，你會發現，你的人生從此將經歷無數意想不到的美好故事。看似失控，其實是祝福，也是最好的安排。

我們一家的「失控」人生，還會繼續走下去。

Eurasian Publishing Group
圓神出版事業機構
用心與你對話・視野無限寬廣
方智出版社
Fine Press
www.booklife.com.tw reader@mail.eurasian.com.tw

方智好讀 121

失控，是最好的安排

作　　者／楊右任
文字協力／戴芯榆
發 行 人／簡志忠
出 版 者／方智出版社股份有限公司
地　　址／台北市南京東路四段50號6樓之1
電　　話／（02）2579-6600・2579-8800・2570-3939
傳　　真／（02）2579-0338・2577-3220・2570-3636
總 編 輯／陳秋月
副總編輯／賴良珠
專案企畫／賴真真
責任編輯／鍾瑩貞・李靜雯
校　　對／鍾瑩貞・李靜雯・賴良珠
美術編輯／林雅錚
行銷企畫／詹怡慧・黃惟儂
印務統籌／劉鳳剛・高榮祥
監　　印／高榮祥
排　　版／莊寶鈴
經 銷 商／叩應股份有限公司
郵撥帳號／18707239
法律顧問／圓神出版事業機構法律顧問　蕭雄淋律師
印　　刷／國碩印前科技股份有限公司
2019年6月　初版
2024年8月　10刷

定價 330 元　ISBN 978-986-175-527-4

一旦你把別人的意見評判看得比你自己的重要時，
便是放棄了自己的力量。

——《公主向前走》

國家圖書館出版品預行編目資料

失控，是最好的安排 / 楊右任作. -- 初版. -- 臺北市 : 方智, 2019.06
192 面；14.8×20.8公分 --（方智好讀；121）

ISBN 978-986-175-527-4（平裝）
1. 人生哲學 2.生活指導
191.9 108005852